EDIÇÕES BESTBOLSO

A arte da tese

Michel Beaud, economista francês, estudou Direito e Economia Política no Institut d'Études Politiques de Paris (Sciences Po). Lecionou na Universidade de Paris VIII de 1971 a 1990, e depois na Universidade de Paris VII, pela qual recebeu o título de professor emérito. Escreveu muitos livros sobre economia e política. Suas obras mais conhecidas são *A arte da tese* e *A história do capitalismo: de 1500 aos nossos dias.*

MICHEL BEAUD

A arte da tese

Tradução
GLÓRIA DE CARVALHO LINS

Prefácio e revisão técnica
ÉRICA RESENDE

5ª edição

RIO DE JANEIRO – 2024

CIP-BRASIL. CATALOGAÇÃO NA PUBLICAÇÃO
SINDICATO NACIONAL DOS EDITORES DE LIVROS, RJ

B352a
5ª ed.

Beaud, Michel, 1935-
A arte da tese: como elaborar trabalhos de pós-graduação, mestrado e doutorado / Michel Beaud; tradução Glória de Carvalho Lins. – 5ª ed. – Rio de Janeiro: BestBolso, 2024.
il.: 12x18cm.

Tradução de: L'art de la thèse
ISBN 978-85-7799-369-7

1. Redação técnica. 2. Pesquisa – Metodologia. I. Título.

14-10563

CDD: 808.066
CDU: 808.1

A arte da tese, de autoria de Michel Beaud.
Título número 368 das Edições BestBolso.
Quinta edição impressa em maio de 2024.
Texto revisado conforme o Acordo Ortográfico da Língua Portuguesa de 1990.

Título original francês:
L'ART DE LA THÈSE

Copyright © Éditions La Découverte, Paris, France, 1994, 2006.
Copyright da tradução © by Editora Bertrand Brasil Ltda.
Direitos de reprodução da tradução cedidos para Edições BestBolso, um selo da Editora Best Seller Ltda. Editora Bertrand Brasil Ltda. e Editora Best Seller Ltda. são empresas do Grupo Editorial Record.

www.edicoesbestbolso.com.br

Design de capa: Mariana Taboada.

Nota do editor: acréscimos à edição publicada pela Bertrand Brasil (2005) foram incluídos nesta edição de bolso com base na edição ampliada francesa de 2011 (L'art de la thèse, Éditions La Découverte). Cotejo e tradução de trechos novos: Suelen Lopes.

Todos os direitos reservados. Proibida a reprodução, no todo ou em parte, sem autorização prévia por escrito da editora, sejam quais forem os meios empregados.

Direitos exclusivos de publicação em língua portuguesa para o Brasil em formato bolso adquiridos pelas Edições BestBolso um selo da Editora Best Seller Ltda. Rua Argentina 171 – 20921-380 – Rio de Janeiro, RJ – Tel.: (21) 2585-2000.

Impresso no Brasil

ISBN 978-85-7799-369-7

Sumário

Prefácio à edição de bolso	7
Agradecimentos da primeira edição (1985)	9
Agradecimentos da nova edição (2006)	11
Prólogo	13
Teste	18
1. Perspectivas de tese	23
2. A escolha do assunto... e do orientador	27
3. Um bom assunto?	31
4. Um bom orientador?	35
5. Inscrições	37
6. Procedimento geral da pesquisa	38
7. Calendário (ou cronograma)	43
8. Do bom uso do computador	46
9. Primeira elucidação/edição	54
10. Problemática I e plano de trabalho	57
11. Questão principal e plano de trabalho	61
12. Organização do trabalho de pesquisa	65
13. Trabalho teórico e conhecimento	73
14. Como efetuar a pesquisa bibliográfica	77
15. Onde e como encontrar os livros, artigos, teses e relatórios	82
16. O trabalho sobre livros e documentos	85
17. Do bom uso da internet	89
18. O trabalho prático	93
19. Tratamento sistemático de materiais	96

20. Trabalho mental e amadurecimento ... 98
21. Problemática II e plano de redação ... 100
22. Elaboração do plano de redação (dois exemplos) ... 104
23. Do bom uso do orientador e dos outros ... 111
24. Preparação dos materiais para a redação ... 115
25. O trabalho de redação ... 122
26. Alguns conselhos muito práticos para a redação ... 130
27. Como citar obras, artigos e outras fontes ... 139
28. Notas de rodapé ... 148
29. Anexos ... 151
30. Mapas, quadros, esquemas e gráficos ... 153
31. Bibliografia e fontes ... 156
32. Releitura, títulos, introduções e conclusões ... 162
33. Sumário ... 168
34. Índice ... 172
35. Agradecimentos e dedicatória ... 175
36. Últimas correções e releituras ... 177
37. O produto acabado ... 180
38. Antes da defesa ... 182
39. A defesa ... 185
40. Após a defesa ... 187

Prefácio à edição de bolso

No meu labor biblioteconômico eu me preocupo em orientar alunos das mais diversas áreas do conhecimento, cursos e níveis de especialização na elaboração de trabalhos acadêmicos. Neste trabalho utilizo como ferramenta instrumental as normas do Comitê Brasileiro de Informação e Documentação (CB14) da Associação Brasileira de Normas Técnicas (ABNT), amplamente utilizadas em universidades brasileiras.

Por isso, posso ressaltar que foi com grande atenção, carinho e surpresa que recebi o convite de prefaciar esta obra de arte. "A arte de elaborar trabalho acadêmico" chama esse trabalho de arte tanto no produto, quanto no desenvolvimento que, assim como Michael Beaud afirma, trata-se de uma construção árdua.

Este livro é um guia, segundo o autor, para quem pretende mergulhar na aventura de elaborar uma tese, passando pela defesa e os momentos posteriores.

A arte da tese. O que é arte? E o que é tese? É como se uma amenizasse o efeito da outra. A arte talvez possa tudo, a tese, nem sempre. A arte pressupõe liberdade, enquanto que na tese é preciso disciplina e vontade de vencer. As possíveis dificuldades são descritas ao longo do texto de forma didática para ajudar o pesquisador a fugir dos obstáculos e/ou superá-los com sucesso.

Michael Beaud, como educador, conseguiu neste livro não só sistematizar conhecimentos, mas também "confortar" alunos. Trata o assunto de forma muito séria e deixa claro que nem todos chegarão ao fim. Por outro lado, proporciona uma espécie de carinho em relação ao aluno pesquisador e alerta para a importância do descanso, do lazer e da vida social durante o processo de construção da tese.

A primeira edição do livro foi publicada em 1985 e hoje, quase três décadas depois, como o próprio autor afirma, "os livros têm a sua própria vida". Este livro possui um manual de uso, como quase uma bula de remédio. Quase porque aqui não há contra-indicações ou problemas em antecipar possíveis reações. De tal forma, o leitor pode usá-lo na dosagem que preferir, mas não deve deixar de usá-lo, ou, como o autor nos diz, "mantenha-o ao seu alcance".

O livro possui quarenta capítulos breves onde o leitor pode buscar orientação para inscrição num curso de pós-graduação, escolha do assunto, do orientador, uso da internet, além de todas as etapas da pesquisa, redação da tese e formatação da tese.

Esta edição conta com exemplos adaptados à realidade brasileira e os capítulos que tratam do uso de citações, referências, bibliografias e estrutura dos trabalhos acadêmicos seguem as orientações da ABNT.

Eis uma obra de arte que pode ser apreciada, sim, mas, acima de tudo, usada. Leitura obrigatória para quem se lança no mundo da pesquisa para elaboração da tese.

Érica Resende
Mestre em Educação Unesa
Bibliotecária CFCH/UFRJ

Agradecimentos da primeira edição (1985)

Nenhum trabalho pode ser concluído na solidão.

Também acho normal que constem, no início de uma obra, principalmente de uma tese, agradecimentos àqueles que ajudaram ou concorreram para sua realização (capítulo 35).

Pelo presente livro gostaria de agradecer, em primeiro lugar, a Jean Devisse, que em 1953-1954, no âmbito dos estudos de método do primeiro ano do Instituto de Estudos Políticos de Paris, foi pioneiro em ensinar-me o rigor do trabalho intelectual e o ABC de um método de pesquisa. Foi, aliás, um dos raros a fazê-lo, uma vez que o ensino superior francês era – deveria de fato empregar o imperfeito? – mais organizado quanto à transmissão de conhecimentos do que quanto ao aprendizado do aprendizado ou ao desenvolvimento de pesquisas.

Gostaria de agradecer, em segundo lugar, aos doutorandos que, desde 1979, me ensinaram a orientar suas pesquisas. Os métodos de seleção e de recrutamento dos professores franceses para o ensino superior são tais que não exigem nenhuma formação pedagógica. Desde que se tenha engolido sua dose – massiva – de conhecimentos, supõe-se que se seja capaz de fazer outros engolirem as suas. Quanto à pesquisa, o fato de ter redigido uma tese basta para garantir... que se saiba orientar pesquisas alheias.

Mais precisamente, gostaria de agradecer àqueles que aceitaram reler, no todo ou em parte, a primeira versão de

A arte da tese, relatando-me suas reações e observações:* Olivier Beaud (assistente de ciências jurídicas em Rennes), Catherine Choquet (estudante do primeiro ano de doutorado em Paris-VIII), Jean Devisse (professor de história em Paris-I), Jean Freyss (mestre-assistente de ciências econômicas em Lille), Yves Lacoste (professor de geografia em Paris–VIII), Michel Le Saint (professor em Paris-VIII, em fase de tese), Michèle Paillocher (antiga responsável pelo serviço de doutorado da Universidade de Paris-VIII), Olivier Pastré (professor de ciências econômicas em Paris-VIII), Pierre-Philippe Rey (professor de sociologia e de antropologia em Paris-VIII), Danièle Rosenfeld (assistente em Paris-VIII, em fase de tese), Alain de Tolédo (professor em Paris-VIII, em fase de tese), Michel Vernières (professor de ciências econômicas, em Paris-I).

Agradeço também aos que me ajudaram a reunir a documentação necessária: Madeleine Julien (funcionária graduada da biblioteca da Universidade de Paris-VIII), Véronique Chabert e Élisabeth Debeusscher (documentalistas), Nicole Poncet e Colette Garcon (serviço de bolsas da Universidade de Paris-VIII), Anne-Marie Guimard (Ministério da Pesquisa e Tecnologia), Daniel Ratz (Arquivo Central das teses de Nanterre).

Agradeço, igualmente, a François Gèze que, desde que lhe falei sobre o assunto, demonstrou interesse pelo projeto deste livro e me deu sugestões muito úteis, assim como a todos aqueles que concorreram para sua publicação.

Finalmente, meu agradecimento a Bernard Chavance, professor da Universidade de Paris-VII, que me ajudou com a atualização da edição de 2001.

Michel Beaud

---

*Entre parênteses, sua situação em 1984-1985. (*N. do A.*)

Agradecimentos da nova edição (2006)

Agradeço a todos aqueles que permitiram que este livro ultrapassasse seu 20º ano: aqueles que me ajudaram a aprimorá-lo em função das mudanças institucionais e da evolução das condições e dos métodos de trabalho, sobretudo os ligados à informática e à internet; mas também aos bibliotecários, aos documentalistas e aos professores que recomendaram o livro, à editora La Découverte, que assegurou a difusão da obra, aos estudantes e pesquisadores que, ano após ano, a acolheram.

A reação que mais me tocou veio de uma estudante que preparava sua tese em Bordeaux e que um pouco depois da publicação do livro me escreveu: "Pela primeira vez senti que um professor realmente se interessa e se preocupa comigo!"

A presente edição permanece organizada em torno de conselhos para o procedimento intelectual de pesquisa e de elaboração da tese, que demonstram sua funcionalidade desde 1985. A obra leva em consideração as profundas transformações ligadas ao uso do computador e da internet, assim como a utilização de trabalhos de documentação e de produção de documentos, integrando a criação do mestrado de pesquisa na França e se abrindo sobre uma dimensão mais ampla. Agradeço enfaticamente a Magali Gravier, assistente de ciências políticas na Universidade de Salzbourg,[*] e Alain Tolédo, mestre-conferencista de ciências econômicas na Universidade

---

[*]Nomeada professora associada na Copenhagen Business School em agosto de 2007. (*N. do A.*)

de Paris-VIII, tanto por sua contribuição como por sua participação na revisão desta obra.

Agradeço ainda a Andréas Streiff que, mais uma vez, acompanhou a produção deste livro; Marieke Joly, que supervisionou esta nova edição; Gilles Gravier, responsável por estratégia e segurança na Sun Microsystems, por seus conselhos sobre informática; e Calliope Beaud, pelo apoio e encorajamento que nunca me faltaram.

Michel Beaud

Prólogo

Em 2006, ano de publicação desta nova edição, *A arte da tese* completa a bela idade de 21 anos: 21 anos de leais e bons serviços a milhares de estudantes.

A presente edição foi inteiramente revista, profundamente revisada e reescrita. O procedimento intelectual de concepção, construção e elaboração da tese, no entanto, não mudou; é preciso amadurecer o assunto para o conjunto da tese, tendo em mente a "questão principal", essencial em todos os momentos-chave – problemática I e plano de trabalho, problemática II e plano de redação –, e o esforço para assegurar a coerência da demonstração em todas as partes e capítulos.

O computador e a internet trouxeram mudanças significativas e se tornaram ferramentas indispensáveis tanto para a documentação quanto para a preparação da tese. É preciso conhecer a potencialidade e funcionalidade dessas ferramentas o mais cedo possível, assim como suas limitações e armadilhas. Antes mesmo de começar a documentar é preciso ter a bibliografia inicial em mente; e antes de começar a escrever a tese é melhor esclarecer as dúvidas quanto à formatação, indexação e sumário.

Ao final, haverá a defesa, que lhe permitirá obter o título de doutor. Doutor em Letras, doutor em Ciências Políticas ou Economia. Em alguns países, como Alemanha e Itália, o título de doutor é colocado no cabeçalho de papéis timbrados, por exemplo. Na França e no Brasil, não há esse hábito, exceto para algumas profissões. O título de doutor conserva seu prestígio, apesar do descrédito que afeta a universidade atualmente.

Para os estudantes, a tese de doutorado é a consagração dos estudos, mas para os professores-pesquisadores ela é apenas o fim de uma etapa e o começo de uma nova. Aquele que prepara uma tese ainda é um "estudante", está inscrito na universidade, assiste às aulas e aos seminários, trabalha com um orientador, mas já é também um pesquisador e, frequentemente, professor. Muitas vezes se dedicam (por necessidade) a outra atividade profissional por serem responsáveis pelo sustento da família. Sempre que utilizar a palavra "estudante" vou me referir a esta realidade híbrida e complexa.

Estudantes: homens e mulheres. Para não se queixarem da ênfase dada ao gênero masculino em nossa língua. Que não me obriguem, por favor, a utilizar ao longo de páginas e páginas o artifício de se referir aos(às) estudantes de doutorado que estão preocupado(a)s em conduzir seus estudos. Da mesma forma, quando falar do "orientador" será apenas pela preocupação de tornar a escrita mais fluida – que as orientadoras, por favor, não me levem a mal.

A tese

Trata-se de uma espécie de obra-prima dos colegas de antigamente que aspiravam a ser mestres. É a prova escrita – o que engloba também outras formas de expressão (foto, áudio, vídeo, cinema, pintura, escultura etc.) –, seja por suportes tradicionais, modernos ou digitais, de que se é capaz de conduzir bem uma pesquisa em determinado campo, de dominar uma técnica, de contribuir para o avanço em alguma área de conhecimento, de reflexão, de análise ou de criação.

Para as ciências sociais e humanas, bem como para disciplinas similares – sem considerar as teses de ciências "difíceis", de medicina, de farmácia etc. –, o número de teses em produção nos últimos vinte anos aumentou de 7 mil para 8 mil, e o número de teses defendidas está em torno de 3 mil por ano. O maior número de trabalhos é das áreas de direito, economia, história e literatura; encontramos também uma quantidade expressiva de trabalhos em artes, geografia, gestão, linguística, filosofia, psicologia e sociologia.

Como cada tese defendida demanda muitos anos de trabalho, podemos considerar que em cada ano há dezenas de milhares de pesquisas em andamento nas pós-graduações universitárias. As condições de trabalho não são somente deploráveis como também vergonhosas se levarmos em conta a estrutura dos grandes países industriais como Estados Unidos e Canadá, e mesmo de países de Terceiro Mundo que chamamos de subdesenvolvidos.*

Ora, eis um aspecto malconhecido da realidade universitária: a universidade continua como um espaço onde se trabalha muito, abundantemente, generosamente... É preciso lamentar que frequentemente seja de maneira desinteressada?

A tese evidencia a aptidão da pesquisa: um trabalho de "artesão intelectual" que a partir de textos, arquivos, livros, estatísticas, pesquisa de campo, observações sociais, relatórios geográficos ou cartográficos produz um trabalho.

Com frequência colocamos em oposição as teses teóricas e empíricas. Ainda não é preciso admitir como "teóricos" os trabalhos produzidos para serem adulações a textos e autores, assim como releituras – e às vezes releituras das releituras. Da mesma forma que não devemos aceitar como "empíricos" os trabalhos que agrupam em relatórios mais ou menos ordenados informações factuais sobre um assunto. Tanto no primeiro

---

*É preciso, no entanto, dar ênfase à aplicação e desenvolvimento, desde 1984, das alocações de pesquisa. (N. do A.)

quanto no segundo casos somos conduzidos a teses fracassadas, medíocres ou ruins. Uma boa tese, uma boa pesquisa, implica equilíbrio entre teoria e empirismo.

Não há boa pesquisa sem questionamento. Não há questionamento rigoroso sem base conceitual, sem "ferramentas ideacionais", sem reflexão teórica e, logo, sem um bom conhecimento em diferentes enfoques, diferentes interpretações teóricas já elaboradas e uma reflexão crítica sobre elas. É por isso que após ter sinalizado a importância da dupla escolha, do assunto e do orientador, insisto sobre a importância da problemática que distingue: a problemática provisória, que acompanha o começo do trabalho; a problemática I, que guia o trabalho de pesquisa (de investigação), e a problemática II, que estrutura o trabalho de redação (de exposição).

Não há pesquisa sem método. E, mais uma vez, encontramos o paralelo com o artesão, com o especialista. O método é necessário para a reflexão teórica da mesma forma que é necessário para a pesquisa de campo (entrevistas, estudos de uma realidade social), para o trabalho com estatísticas, arquivos, textos, discursos e também para utilizar um computador. É preciso dominar o método próprio da área em que se trabalha: literatura ou filosofia, história ou direito, geografia ou economia, ciências políticas, sociologia ou antropologia. É preciso adquirir métodos para cada fase do trabalho de pesquisa: exploração, documentação, pesquisa propriamente dita, redação.

Não há pesquisa sem trabalho. Um trabalho de certo nível e qualidade, é claro. É um erro se dedicar a uma tese se não possuir as qualidades e motivações de um pesquisador, se não há razões profundas e sérias para empreendê-la e conduzi-la bem, se não realizou, anteriormente, excelentes trabalhos em um mestrado acadêmico. Esta é a razão pela qual este livro apresenta um teste.

Uma última palavra

Vários leitores a que submeti o manuscrito lamentaram o fato de eu insistir demais em dificuldades e obstáculos. É que sei que o trabalho de tese é árduo: para quem o desenvolve, seus familiares e amigos, e para o orientador. Sei também que o valor de uma tese não é apenas proporcional ao trabalho realizado: toda boa tese exige muito trabalho, mas quantos estudantes terão trabalhado anos, às vezes com obstinação, para acabar tendo como resultado uma tese medíocre ou nenhuma tese...

E, afinal, os eleitos serão pouco numerosos: aqueles que obterão não somente o título de doutor, mas também a melhor menção (muito honrosa, com congratulações), e que poderão publicar seus trabalhos. Etapa essencial, decisiva em sua vida intelectual e em sua carreira de pesquisadores ou de professores-pesquisadores.

Esses terão ultrapassado todos os obstáculos do percurso. Mas também terão conhecido as satisfações, às vezes as alegrias da pesquisa, do trabalho intelectual e da redação. Sem falar do acridoce prazer de ter em mãos o primeiro exemplar da tese e a excitação febril e calorosa de uma defesa bem-sucedida; sem falar, enfim, das trocas, das discussões, dos encontros intelectuais, dos debates que balizaram aqueles anos de trabalho, do enriquecimento humano e do estreitamento de laços de amizade que os acompanharam.

TESTE: ANTES DE DECIDIR FAZER UMA TESE

- Imagina seu futuro profissional inserido no ensino superior ou na pesquisa? Sim Não
- Poderá dedicar boa parte dos próximos três ou quatro anos a seu trabalho de tese? Sim Não
- É capaz de fazer um recorte de determinado assunto em um dado momento? Sim Não
- É capaz de, com um mínimo de trabalho, escrever três páginas "coerentes" sobre um assunto dado? Sim Não
- É capaz de pôr ordem em suas ideias? Sim Não
- É capaz de organizar sua documentação e de se localizar? Sim Não
- Consegue adequar-se a uma disciplina de trabalho por vários meses? Sim Não
- Dispõe de vontade e tenacidade suficientes para ultrapassar uma sucessão de dificuldades e contrariedades? Sim Não
- Já redigiu algum trabalho satisfatório com várias dezenas de páginas? Sim Não
- Está muito motivado para fazer uma tese? Sim Não

Se você alcançou entre 8 e 10 "sim", pode lançar-se na aventura que é o longo trabalho de tese.

Se obteve apenas 4 "sim", ou menos, deve renunciar imediatamente; melhor fazer outra coisa.

Entre 5 e 7 "sim", a experiência concreta, sobre uma monografia de uma centena de páginas, será o seu melhor teste.

Deverá, ainda, perguntar-se se fazer uma tese é, de fato, algo necessário para seu futuro pessoal e profissional (capítulo 1).

MANUAL DE USO

Este livro é um guia prático. Em primeiro lugar, ele vai ajudá-lo a se empenhar em sua tese. Em seguida, vai acompanhá-lo ao longo da realização do trabalho para responder às questões que surgirem e superar as dificuldades.

Como o conserto de um motor de carro ou a montagem de estantes numa biblioteca, a preparação e a redação de uma tese, a elaboração de uma monografia ou de qualquer outro trabalho universitário exigem um método.

Portanto, este livro segue as *diferentes etapas* do procedimento organizado que vai desde a intenção de elaborar uma tese, passa por sua defesa e chega até os momentos posteriores à aprovação (ver Sumário).

Detém-se sobre *os problemas mais frequentes* – obstáculos, dificuldades e bloqueios – e indica meios para superá-los.

Fornece, enfim, *informações práticas* sobre a maneira de desenvolver uma pesquisa bibliográfica (capítulo 14) e de procurar livros e documentos (capítulo 15).

Leia-o com calma ou apenas rapidamente. Mas mantenha-o ao seu alcance. E não hesite em consultá-lo sempre que necessário... Detenha-se nas passagens referentes à etapa em que você está e naquelas que lhe permitirão preparar e organizar seu trabalho para os próximos meses.

ONDE ENCONTRAR INFORMAÇÕES PERTINENTES NA INTERNET

Aviso:

- Os endereços na internet (*URL – Uniform Resource Locator*) podem mudar por causa de alterações institucionais, o que é particularmente comum, na França, para os estudos de doutorado, divididos entre o Ministério da Educação e o Ministério da Pesquisa, e suscetíveis de depender de ministérios e secretarias de Estado cujos nomes variam frequentemente. Elas podem, ainda, mudar no interior de um site, de acordo com seu crescimento e sua diversificação. Eis, então, alguns URL importantes, esperamos que duráveis, que vão permitir que você busque entre um grande número de páginas as informações das quais precisa.
- Mas atenção ao anotar a fonte das informações ou materiais que utilizou da internet, pois não é apenas o URL do site que deve indicar, mas sim o da "página" onde os encontrou, com a data de consulta (capítulos 17 e 27).
No Brasil, assim como na França, os endereços URL também podem variar de acordo com a hospedagem da página. No entanto, páginas oficiais, ligadas ao governo, normalmente mantêm a mesma URL.

Alguns sites essenciais para a pesquisa no Brasil:*

- Capes (http://www.capes.gov.br/): a Coordenação de Aperfeiçoamento de Pessoal de Nível Superior (Capes), fundação do Ministério da Educação (MEC), desempenha papel fundamental na expansão e consolidação da pós-graduação *stricto sensu* (mestrado e doutorado) em todos os estados da federação.

---

*Sugestões adaptadas para o cenário brasileiro. (*N. da R.*)

- Currículo lattes (http://lattes.cnpq.br/): onde todos os pesquisadores, alunos de mestrado e doutorado possuem o seu currículo cadastrado. Os programas de pós-graduação juntam esforços para mantê-lo sempre atualizado;
- Portal de periódicos da Capes (http://www.periodicos.capes.gov.br/): disponibiliza as bases de dados assinadas pelo governo para as universidades públicas, institutos e centros de pesquisa. Nesse portal é possível ter acesso também às bases de dados nacionais e repositórios institucionais. Para acesso às bases de dados assinadas é preciso estar no IP (Internet Protocol) da universidade. Em algumas universidades já é possível acessar o conteúdo utilizando as facilidades da CAFe (Comunidade Acadêmica Federada), que possui os dados da universidade, e o aluno acessa o portal de qualquer lugar utilizando os mesmos dados que utiliza para acessar na universidade.
- Biblioteca Nacional (http://catalogos.bn.br/): catálogo da Biblioteca Nacional do Brasil.
- Scielo (http://www.scielo.org): importante base de dados de acesso aberto que possui periódicos avaliados por pares e livros.
- Bases de dados e repositórios das bibliotecas das universidades brasileiras onde já é possível ter acesso a documentos digitais, principalmente teses e dissertações dos seus programas de pós-graduação. Alguns exemplos:
  UFRJ (www.minerva.ufrj.br)
  USP (http://www.teses.usp.br/)
  UNICAMP (http://www.bibliotecadigital.unicamp.br)
  UFRGS (http://www.lume.ufrgs.br/)

1
Perspectivas de tese

A tese é um trabalho longo, exigente, restritivo e que pesa, durante vários anos, sobre a vida pessoal, familiar e a "disponibilidade para os outros".

Portanto, não é razoável se comprometer com esse caminho se não tiver passado pelos diferentes estágios do curso universitário.

Um bom curso universitário deve permitir realizar, antes da inscrição no doutorado, trabalhos acadêmicos de algumas dezenas de páginas para a graduação e a dissertação para o mestrado.

A tese de doutorado é um trabalho de pesquisa. Mesmo não sendo sempre uma obra-prima, é a obra que deverá permitir a um pesquisador afirmar-se e provar sua capacidade de conduzir uma pesquisa.

A QUESTÃO DO NÚMERO DE PÁGINAS

"Não se trata da quantidade de páginas, mas da qualidade do trabalho." Quantas vezes já não se escutou algo parecido?

Na verdade, as mesmas pessoas que falam isso muitas vezes se mostram insatisfeitas diante de um trabalho muito fino ou uma tese pouco desenvolvida...

Portanto, arrisco-me a propor de 100 a 300 páginas como ordens de grandeza razoáveis nas áreas de letras, ciências humanas, econômicas ou sociais.

Sei, também, que em outras áreas de ciências, medicina e farmácia, é possível apresentar teses com algumas dezenas de páginas. Mas seus autores, sem dúvida, não terão necessidade deste livro para sua elaboração.

Quanto ao número de linhas por página, e de caracteres por linha, adeque-se aos padrões de sua universidade, cuidando para que as páginas estejam arejadas, sem nunca parecerem vãs ou inúteis.

Portanto, não é razoável se comprometer na preparação de uma tese de doutorado por razões negativas, sobretudo falta de perspectivas de emprego, ociosidade, frustrações.

Ao contrário, *é muito importante que os diferentes trabalhos (de mestrado e doutorado) se inscrevam num plano de carreira, numa estratégia pessoal*: trata-se do comprometimento com uma *carreira universitária*?, ou do início de um percurso em *pesquisa*?, em que disciplina?, em que especialidade?, no Brasil ou em outro país?, na área pública ou privada?, eventualmente, numa organização internacional?

Sem dúvida, não é viável, no momento da inscrição no mestrado ou no doutorado, ter resposta precisa para todas as questões. É necessário, entretanto, ter refletido sobre isso e tentar alcançar a maior clareza possível nesse sentido, pois isso permitirá observar melhor:

- se é ou não o caso de se engajar nessa tarefa de longo fôlego;
- que estilo de tese escolher, em que área, sobre que assunto;
- o perfil ideal do orientador (e, mais tarde, dos membros da banca);
- em quantos anos planejar o trabalho.

Em resumo, *uma tese de doutorado requer muito trabalho; serão vários anos no decorrer dos quais o próprio futuro irá se delineando; não se deve, em hipótese alguma, comprometer-se de maneira irrefletida.*

Só deveriam se envolver com o doutorado aqueles que, ao mesmo tempo:

- tiverem vontade firme e capacidade;
- experimentarem essa necessidade por sua própria carreira (ensino, pesquisa, trabalho em certos órgãos nacionais ou internacionais) ou para satisfazer uma paixão intelectual durante a vida ativa ou na aposentadoria.

Alguns estudantes recusam-se a ouvir os professores que os desaconselham a se envolver na preparação de uma tese e acabam, por obstinação, se inscrevendo. Muitos deles, alguns anos depois, ficam insatisfeitos e decepcionados, não tendo conseguido concluir o trabalho, ou ainda terão obtido na sua defesa uma menção medíocre. E, nesse momento, detestarão muitas vezes o professor que, alguns anos antes, eles forçaram a aceitar sua inscrição.

É preciso pelo menos – diz-se com frequência – o mesmo tanto de trabalho para um autor medíocre escrever um romance ruim quanto, para um autor dotado, escrever um muito bom. Isso acontece também com as teses: é a qualidade do conteúdo que se julga, afinal; não o tempo de trabalho gasto nem a boa vontade do estudante.

Ao contrário, a elaboração de uma boa tese por um pesquisador realmente dotado de capacidade para isso proporciona uma grande gama de satisfações: todas pertinentes à pesquisa e ao trabalho intelectual; as relacionadas com a redação; as da participação em um trabalho coletivo, de equipe; enfim, a de colaborar naquele assunto para o desenvolvimento da reflexão e do conhecimento.

2
A escolha do assunto...
e do orientador

Se você deu provas, em trabalho anterior, de sua capacidade, se está motivado, se sabe que tipo de tese quer elaborar em função de suas perspectivas profissionais, principalmente no ensino ou na pesquisa, se a essa tarefa pode consagrar alguns anos de sua vida, então, está apto a se comprometer com a preparação de uma tese de doutorado. É preciso, ainda, que você escolha cuidadosamente seu assunto... e seu orientador.

Um assunto capaz de motivá-lo, de interessá-lo durante vários anos... e que se colará à sua pele, fazendo parte de você durante alguns anos.

Um orientador de pesquisa capaz de orientá-lo, encorajá-lo e criticá-lo durante a preparação de sua tese, o que, mais ou menos enfaticamente, influenciará, marcará, facilitará ou atrapalhará seu início de carreira.

Enfim, um assunto que, dentro do campo de interesse e de competência de seu orientador, não "abocanhe" o que ele poderia estimar ser seu "domínio reservado".

Você já atingiu, portanto, o limite da "quadratura do círculo".

Quatro possibilidades podem se apresentar:

Você tem o assunto e o orientador

É o caso ideal.

Sem dúvida, ao longo de seus estudos você se interessou por uma especialidade, integrada a uma equipe de pesquisa, ligada a um professor habilitado a orientar dissertações de mestrado ou teses de doutorado. E com esse professor você escolheu uma linha de pesquisa pela qual ambos são atraídos e que se inscreve em seu campo de interesse. Pode saltar as páginas seguintes e passar diretamente para Inscrições (capítulo 5) ou Procedimento geral da pesquisa (capítulo 6).

Mas talvez fosse enriquecedor fazer uma pausa e se colocar duas questões:

- é um bom assunto? (capítulo 3);
- é um bom orientador? (capítulo 4).

Você tem o orientador... mas não tem o assunto

Se você decidiu trabalhar sob a orientação de um professor e se ele está disposto a orientar seu trabalho, vocês devem marcar um encontro para discutir a escolha do assunto.

Se ele só aceitar vê-lo de passagem ou em datas sempre adiadas, pergunte-se se ele será um bom orientador e converse com outros estudantes orientados por ele.

Ele poderá limitar sua escolha a uma lista já pronta, o que talvez seja favorável, se permitir integrar sua pesquisa num procedimento coletivo. Mas talvez isso possa ser perigoso, seja porque os assuntos propostos representem para ele apenas objetos de curiosidade momentânea, seja porque nenhum dos assuntos convenha realmente a você.

Se ele liberar a escolha de seu assunto, desconfie: você se arriscará a partir de uma má pista, e ele pode não se interessar de fato pelo que você estiver fazendo.

O ideal é uma discussão com seu orientador que lhe permita vasculhar diferentes temas de pesquisa e, depois, por aproximações sucessivas, delimitar e escolher um assunto, tanto quanto possível, um bom assunto.

Você tem o assunto... mas não tem o orientador

Esse já é um sinal desfavorável, na medida em que aponta para o fato de, em seis ou sete anos de estudo, você não ter conseguido encontrar a equipe de pesquisa capaz de acolhê-lo nem o professor que pudesse orientar sua pesquisa.

Você precisa consultar os professores que conhece ou estudantes e pesquisadores mais adiantados, informando-se sobre os professores, seus trabalhos, e escolher um que possa enquadrar seu trabalho nas melhores condições.

Prepare a documentação apropriada:

- um breve *curriculum vitae*;
- a apresentação, em algumas páginas, do tema sobre o qual (ou questões sobre as quais) gostaria de trabalhar.

Dirija-se ao professor que escolheu, solicitando (por carta ou pessoalmente) um encontro para discutir a tese que pretende elaborar. Uma palavra de introdução e um telefonema da parte de um professor conhecido de ambos poderão facilitar as coisas.

Seja paciente e educado. Não se esqueça de que alguns professores são muito requisitados, estando, muitas vezes, sobrecarregados com pedidos semelhantes ao seu.

Saiba dar prova de flexibilidade intelectual; seja receptivo a sugestões, críticas e recortes que venham lhe fazer (capítulo 21).

Se vários professores se recusarem a orientá-lo no assunto que você escolheu e desaconselharem seu desenvolvimento, aceite repensar a questão: será o caso de elaborar uma tese? O tema eleito é realmente um bom assunto?

Você não tem nem assunto, nem orientador de tese

Esse é um mau sinal. Faça o teste proposto logo após o Prólogo, se ainda não o tiver feito.

- Se tiver respondido 5 "sim" ou menos, renuncie à elaboração da tese. Talvez você esteja mal orientado: mestrado acadêmico e doutorado abrem o caminho da pesquisa. Volte-se mais para o lado da atividade profissional e, eventualmente, faça um mestrado profissional ou uma especialização se quiser aperfeiçoar sua formação dentro de uma perspectiva profissional;
- Se tiver respondido 6 "sim" ou mais:
  - Se você não terminou seu mestrado acadêmico, deve refletir para decidir se quer mesmo se comprometer com a elaboração de um trabalho acadêmico, sobre que assunto e com quem;
  - Se você finalizou seu mestrado acadêmico, mude de ares por um período (vá a outro país, a outra universidade, faça um estágio acadêmico ou comece a trabalhar) e aproveite para se perguntar se deve realmente se comprometer com a elaboração de uma tese.

3
Um bom assunto?

Não há temas de pesquisa bons ou ruins em termos absolutos. Eles são julgados bons ou ruins em relação a vários critérios:

- com relação a você mesmo, antes de tudo: o tema lhe interessa? Motiva-o? Você tem coisas a dizer sobre ele? Está disposto a trabalhar nele durante vários anos?
- com relação ao orientador: o assunto se inscreve nas preocupações dele, na esfera de pesquisa da equipe ou do departamento que ele coordena?
- com relação ao estado da pesquisa: o assunto já não está muito batido (várias teses tratam desse assunto de uma maneira ou outra)? Não se trata de um assunto impossível de ser tratado (por ausência de material e de informações, documentação inacessível, material inexistente)?
- há um debate importante sobre o qual você poderá trazer novos esclarecimentos? Há um campo novo que merece ser estudado?
- com relação às suas próprias perspectivas: sua tese de fato servirá aos seus projetos, sobretudo os profissionais?

Uma vez escolhido o tema, falta ainda formular o assunto. São nitidamente desaconselháveis os "assuntos muito amplos", tais como:

A globalização;
O diálogo Norte-Sul;
Os países petrolíferos;
O cobre no mundo;
A crise da democracia;
O sindicalismo na atualidade.

Os "títulos-funil" também devem ser evitados quando partimos de um tema abrangente para chegar a um objeto muito preciso, tais como:

O problema do subdesenvolvimento;
O caso da África;
O cobre na Zanúbia.

Esses títulos, na verdade, multiplicam as causas de decepção para o leitor e as oportunidades de crítica oferecidas aos membros da banca.

Assuntos comparativos são, muitas vezes, de difícil tratamento. Assim, sobre o assunto "A administração das empresas nos Estados Unidos e no Japão", é preferível:

"Em que o modelo japonês é (ou foi, por determinado tempo) mais competitivo que o modelo americano?"

Podem também ser interessantes assuntos que indiquem relações entre dois polos:

"As relações entre o presidente da República e a Assembleia na Zanúbia, entre 1958 e 1962."

Ou:

"As relações entre o Estado zanubiano e o capital estrangeiro durante a primeira fase da crise (1973-1981)."

O ideal é *escolher um assunto abordando um ponto nodal, um aspecto crucial da questão estudada*:

- melhor do que um grande afresco sobre "a questão do desenvolvimento" será um estudo preciso sobre "a destruição da autossuficiência alimentar" em tal país ou tal região no decorrer de tal período;
- melhor do que um trabalho sobre "as instituições da VI República na Zanúbia" será uma tese sobre "a crise constitucional de tal ano", na medida em que essa crise esclarecer a natureza e o funcionamento das instituições concernentes;
- melhor do que um trabalho maldefinido sobre o "setor informal" será um estudo aprofundado sobre "as formas não oficiais de empresas e de salários em tal cidade no decorrer dos anos 1990".

Por outro lado, o assunto "crescerá" se for bem-delimitado:

- quanto ao campo social ou geográfico;
- quanto ao período tratado (evidentemente, você não deve escolher um assunto sobre o futuro ou tão atual, que evolua à medida que a tese avança);
- quanto ao domínio teórico abrangido.

Enfim, o assunto deve ser formulado de maneira simples e clara. Evite a todo custo títulos longos, com muitas subdivisões ou evocando vários níveis de uma questão; algum deles sempre poderá ser considerado mal-elaborado.

E não se esqueça do que foi dito antes: o assunto de sua tese marcará sua imagem (de professor e de pesquisador) durante vários anos. É importante que essa perspectiva esteja presente em sua mente quando efetuar a escolha.

Uma vez feita a escolha do assunto, ainda será preciso verificar se ele não foi tratado recentemente. É recomendável fazer um levantamento bibliográfico ou de arquivos sobre as teses elaboradas nos últimos anos. Pode-se (sempre que possível, deve-se) acessar a internet com essa finalidade. Nas bibliotecas das universidades você deverá encontrar orientação nesse sentido.

4
Um bom orientador?

TESTE: ANTES DE ESCOLHER SEU ORIENTADOR

O professor que você pretende tomar como orientador de sua tese:

- Está habilitado ou autorizado a orientar teses? — Sim / Não
- Está a menos de três anos da aposentadoria? — Sim / Não
- Demonstra estar, em geral, disponível para atender pesquisadores e estudantes que trabalham sob sua orientação? — Sim / Não
- É competente na área em que você quer trabalhar? — Sim / Não
- Tem interesse pelo assunto que você quer tratar? — Sim / Não
- Se ele já o conhece, incitou-o a desenvolver uma tese sob a orientação dele? — Sim / Não
- Limita o número de estudantes que aceita orientar? — Sim / Não
- Permite aos orientandos procedimentos que se afastem ou difiram dos dele? — Sim / Não
- Toma conhecimento dos trabalhos que lhe são submetidos com suficiente atenção? — Sim / Não
- Promove seminários ou oficinas de pesquisa abertos a seus alunos? — Sim / Não

Não se trata, evidentemente, de submeter a esse teste o professor que você pretende convidar para orientar sua tese.

Porém, com as informações que você recolher sobre ele, junto a outros orientandos dele, e com as impressões que ele lhe causar na aproximação, aplique-lhe o teste de forma simulada.

- Se o professor obtiver de 8 a 10 "sim", empregue todo o seu talento para conseguir beneficiar-se de sua orientação; trata-se de uma pérola. Junto com seus colegas, empenhe-se para que ele conserve suas qualidades, fazendo longo uso delas;
- de 5 a 7 "sim", experimente, levando sempre em consideração suas qualidades e seus defeitos;
- 4 ou menos: melhor procurar outra pessoa.

Em qualquer situação, preserve-se e nunca se esqueça de que há orientadores que são como remédios: é preciso saber fazer bom uso deles (capítulo 21).

De maneira geral, é bom lembrar: uma tese deve enquadrar-se numa estratégia. E é desde a faculdade que se deve pensar na orientação do mestrado; desde o mestrado que se deve pensar no doutorado.

Portanto, aproxime-se de vários professores, leia seus trabalhos, observe seu procedimento... e forme, progressivamente, um pequeno cadastro de professores "potenciais orientadores de seus trabalhos".

Em outras palavras, um "bom orientador" se conquista.

5
Inscrições

Até aqui foi evocado apenas o aspecto pedagógico da inscrição no doutorado.

Em geral, deve-se também:

- fazer inscrição como estudante junto à universidade concernente;
- satisfazer os requisitos necessários junto ao serviço de doutorado da universidade.

Em alguns casos, será preciso também providenciar:

- transferência (se mudar de faculdade ou universidade);
- equivalência (se seu diploma não é plenamente aceito).

Para maiores informações procure a Capes* ou, diretamente, a instituição em que pretende cursar o mestrado ou o doutorado.

Isso leva tempo.

Não adie para o último momento. Informe-se desde o ano anterior sobre procedimentos, datas e prazos.

Para estudantes estrangeiros, candidatos a bolsas, seja em seu país ou no exterior, é preciso, na maioria das vezes, fazer o pedido com mais de um ano de antecedência.

Saiba prever e se organizar em tempo hábil.

---

*Coordenação de Aperfeiçoamento de Pessoal de Nível Superior. Fundação do Ministério da Educação. (*N. do E.*)

6
Procedimento geral da pesquisa

Você tem um assunto, um orientador e está adequadamente inscrito e aceito.

As dúvidas acabaram. Começa a provação, pois levar uma tese a termo é um longo trabalho, um percurso de obstáculos em que vão valer não só seus conhecimentos, sua capacidade intelectual, mas também seu caráter: tenacidade, coragem e capacidade de organização para perseguir com persistência um objetivo. Se lhe faltar uma dessas qualidades, você correrá o risco de nunca acabar sua tese.

Antes de começar, meça as potencialidades, os limites, as obrigações e os perigos de uma tese com a ajuda da internet.

O computador permitirá ganhar bastante tempo para sua documentação, anotações, redação e finalização da tese – sobretudo no que diz respeito à apresentação, o sumário, a bibliografia e, talvez, o índice. É preciso ainda, como para o plano de trabalho, que se estabeleça com antecedência a "estratégia informática" de seu trabalho de documentação, de redação e de preparação da versão final da tese. Para isso, leia atentamente os capítulos 8, 12, 19, 26, 27, 28, 31, 33, 34 e faça as escolhas necessárias.

Quanto à internet (capítulos 17, 27), trata-se, ao mesmo tempo, de uma fonte inesgotável e uma confusão descomunal. Fique atento: você será o único responsável pelos documentos utilizados e também quanto à confiabilidade do site em que os encontrou. Especifique ao máximo as referências de sua fonte quanto ao documento (autor, título etc.), quanto ao site (com seu URL) e a página em que encontrou o documento (com URL completo e a data da consulta).

Computador, internet e a ferramenta "copiar/colar": desconfie de tudo que foi plagiado ou aparenta sê-lo. Isso é roubo, e pode nos valer punições bastante severas (comparecimento diante do conselho disciplinar que pode levar à exclusão temporária ou definitiva da universidade, ou procedimentos judiciais e penais).

Antes de começar, portanto, ponha na cabeça algumas verdades primárias:

- não há tese sem trabalho sério e organizado por um longo período;
- não há tese sem conclusão de diferentes etapas no decorrer das quais se encontram dificuldades de ordens variadas e às quais é possível oferecer tipos alternativos de soluções;
- não há tese sem método, sem procedimento organizado.

Esse procedimento, evidentemente, deve levar em conta a área da pesquisa, o assunto, as exigências do orientador... e as características (qualidades e defeitos) do próprio pesquisador. Apesar de tudo, creio que é possível distinguir um procedimento-padrão, que esquematizarei assim:

PROCEDIMENTO-PADRÃO DE UMA PESQUISA

Dimensão temporal	Etapas	Produção
Momento-chave 1	ESCOLHA DO ASSUNTO (com problemática provisória) em relação ao orientador ↓	→ problemática provisória

De 2 a 3,5 meses	ELABORAÇÃO DO ASSUNTO PRIMEIRA ELUCIDAÇÃO DESBASTAMENTO ↓	→ notas → esboço da problemática*
Momento-chave 2	FORMULAÇÃO DA "PROBLEMÁTICA I"* E DO PLANO DE TRABALHO ↓	→ "problemática I"* e plano de trabalho
	Discussão com o orientador e acordo sobre a orientação geral ↓	→ escolha de um sistema de documentação, bibliografia e referências**
Em torno de 15 meses	TRABALHO DE PESQUISA • nos livros • nos materiais • na prática ↓	→ fichas e notas com referências → aprimoramento da "problemática I"
	TRABALHO DE PESQUISA no material acumulado e "em sua mente" ↓	→ fichas de ideias → projetos de ideias-força → projetos de plano
Momento-chave 3	PRIMEIRA FORMULAÇÃO DA "PROBLEMÁTICA II"* E DO PLANO DE REDAÇÃO ↓	→ projeto de "problemática II"* e do plano de redação → preparação da redação (formatação dos documentos)**

---

*Toda problemática se organiza em torno de uma questão principal (capítulos 10 e 11). (*N. do A.*)

**Salve sistematicamente seus arquivos digitais. (*N. do A.*)

	Discussão com o orientador	→ primeiro esboço de redação (pontos importantes) ou redação de um artigo
	↓	
Em torno de 3 meses	TRABALHOS COMPLEMENTARES	
Momento-chave 4	FORMULAÇÃO DEFINITIVA DA "PROBLEMÁTICA II"* E DO PLANO DE REDAÇÃO ↓	→ "problemática II" e plano de redação
	Discussão com o orientador e acordo sobre o conjunto ↓	
	REDAÇÃO ↓	→ primeira versão**
Em torno de 9 meses	Leituras por leitores externos e, principalmente, pelo orientador correções – reelaboração do texto ↓	
	REDAÇÃO DEFINITIVA ↓	
	Releitura – correções	→ versão "quase definitiva"**
Momento-chave 5	CONCORDÂNCIA DO ORIENTADOR PARA A DEFESA ↓	
	Ajuste definitivo ↓	→ versão definitiva

---

*Ver nota pág. 40.
**Ver nota pág. 40.

2 a 3,5 meses	Impressão	→ exemplares disponíveis
	↓	
	Procedimento para a defesa	
	↓	
Momento-chave 6	DEFESA	

Esse procedimento-padrão não é absoluto; deve ser adaptado em função de suas qualidades e desvantagens pessoais, de seu assunto, do material etc. Deve, também, ser modificado em função das demandas, dos hábitos e dos métodos de trabalho de seu orientador.

7
Calendário
(ou cronograma)

Em função desse procedimento-padrão, é possível estabelecer um calendário modelo para a elaboração de uma dissertação em um ano ou de uma tese de doutorado em dois ou três anos.

CALENDÁRIO-PADRÃO PARA PREPARAÇÃO DE UMA TESE

	DISSERTAÇÃO em 1 ano	TESE DE DOUTORADO em 3 anos
1) PONTO DE PARTIDA *Inscrição e escolha do assunto*	2 ou 3 semanas	4 a 6 semanas
2) PRIMEIRO DESBASTE ↓ Problemática I e plano de trabalho	2 ou 3 semanas	1 a 2 meses
3) TRABALHO DE PESQUISA ↓ Problemática II e plano de redação	16 a 18 semanas	Em torno de 18 meses

(cont.)

Etapa		
4) REDAÇÃO ↓ Primeira versão	*Em torno de 8 semanas*	*Em torno de 9 meses*
5) CORREÇÃO / REESCRITA ↓ Versão "quase definitiva"		
6) AJUSTE DEFINITIVO ↓ Versão definitiva	*1 ou 2 semanas*	*2 a 4 semanas*
7) IMPRESSÃO ↓ Reprodução	*1 semana*	*1 ou 2 semanas*
8) PRAZOS E PROCEDIMENTOS PARA A DEFESA	*1 ou 2 semanas*	*6 a 8 semanas*
9) DEFESA *Duração das etapas "incomprimíveis" 1) + 6) + 7) + 8)*	*7 a 11 semanas*	*3 a 5 meses*
DURAÇÃO TOTAL ESTIMADA	35-37 semanas	33 meses

Supondo que tire um mês de férias por ano, você dispõe de 48 semanas por ano. Portanto, resta, para o "trabalho de pesquisa" propriamente dito (leituras, pesquisas, trabalho de campo, entrevistas, trabalho estatístico etc.) um tempo *limitado*: seu tempo é contado.

Para a dissertação, levando em conta as datas de inscrição e de defesa, você dispõe de 8 a 9 meses: cerca de 32 semanas. Se retirarmos as *fases incomprimíveis*, restam-lhe de 24 a 26 semanas: cerca de 4 meses para o trabalho de pesquisa e 2 meses para a redação. Levando em conta cursos e seminários, é muito pouco tempo, o que o obriga a uma disciplina muito rígida.

Para a tese é viável contar com 11 meses por ano, pois algumas semanas de repouso são necessárias. Em 3 anos, isso dá 33 meses. Considerando em torno de 4 meses de *fases incomprimíveis*, e em torno de 9 meses de redação, nos restam cerca de 20 meses para a pesquisa.

Aparentemente, parece acessível; mas muitos, ao fim de um ano, são surpreendidos pelo tempo.

Releia a fábula de La Fontaine "A lebre e a tartaruga".

A experiência mostra que:

- aqueles que "têm todo o tempo" acabam por nunca terminar suas teses;
- aqueles que têm prazos provisórios estão sempre "atrasados";
- só aqueles que se impõem rigorosa disciplina têm sérias chances de chegar ao fim.

Então não perca tempo!

8
Do bom uso do computador

Para muitas pessoas o computador é algo tão natural que elas vão utilizá-lo para pesquisar e depois para redigir suas teses. Ainda assim, é preciso se preparar.

Não importa se você utiliza o computador em casa, em uma sala de informática da universidade, em seu laboratório de pesquisa, se você possui um computador ou pensa em adquirir um durante o desenvolvimento da sua tese, essa ferramenta vai se tornar o seu principal companheiro de trabalho durante o seu doutorado. Companheiro adorado por todos, pois acelera o trabalho; odiado por todos quando der problema mais uma vez; apesar de tudo isso, é uma companhia inevitável, não tenha dúvida.

Então, se for preciso, aprenda a dominar bem as funções e programas básicos de que você precisará: seu sistema operacional, seu software de edição de texto, os gráficos, um possível programa para bibliografia, o navegador da internet e seu correio eletrônico. De acordo com a sua disciplina, você pode chegar a utilizar programas especializados (para realizar cálculos complexos, fazer uma análise de conteúdo, de cartografia etc.).

Toda compra de software tem um custo, às vezes bem elevado. Esse preço nem sempre está ao alcance dos recursos financeiros de um doutorando que não possui bolsa. Lembre-se de que a utilização de cópias piratas de softwares é crime. Há cada vez mais softwares livres e gratuitos disponíveis. Para a edição de texto há o OpenOffice, cujas funções são similares às do Microsoft Word.

É recomendado possuir um computador suficientemente potente para suportar o volume de informações que você acumulará ao longo do tempo e para gerar um arquivo pesado como uma tese. Se seu computador é novo e tem memória livre suficiente, ele servirá. Evidentemente, você deve dominar as funções que precisará utilizar, sobretudo as de edição de texto; a função "pesquisar" será útil em diversas ocasiões.

Finalmente, tome cuidado com os vírus, sobretudo se estiver conectado à internet! Preste atenção aos e-mails e aos arquivos anexados, e também quando estiver navegando em websites. Nunca confie em documentos (gravados em pen drives ou anexados, pouco importa) enviados por seus amigos sob o pretexto de serem seus amigos. Os computadores com os quais eles trabalham estão bem protegidos com um antivírus atualizado? Se você não tiver certeza disso, seja cuidadoso. Destrua todo documento suspeito. Compre um antivírus de qualidade, que se atualize regular e automaticamente – os melhores são atualizados a cada conexão com a internet. Esses programas têm um custo. É pouco em relação à perda de informações contidas em seu disco rígido que um vírus pode causar.

Uma tese e o computador

Para a realização de sua tese o trabalho com o computador possui *três aspectos principais*:

- o computador permite organizar e classificar os documentos;
- o computador ajuda seu trabalho de redação, pois ele corrige (bem, mais ou menos) a ortografia e a gramática, além de poder ser programado para formatar os textos, automatizar algumas tarefas, assegurar funções;

- equipado com uma conexão de banda larga, o computador permite acessar documentos e informações de todos os tipos; ele substitui (ainda parcialmente) os centros de documentação, as bibliotecas e mesmo o trabalho de recolhimento de dados.

Cada um desses aspectos precisa de uma aprendizagem particular, domínio e rigor: eles constituem parte substancial da caixa de ferramentas de um pesquisador do século XXI. De maneira geral, qualquer que seja o seu campo profissional, o computador é uma ferramenta inevitável. Todo chefe, todo gestor que não sabe utilizar um computador é visto da mesma maneira que os indivíduos que não sabiam ler nem escrever no século passado.

Algumas pessoas têm o hábito de trabalhar no computador; elas até mesmo já podem ter redigido muitos trabalhos universitários com essa ferramenta. Outras, ainda estão descobrindo todas as funções da máquina: se este é o seu caso, destine o primeiro mês de sua tese a aprofundar seus conhecimentos de informática. Eis algumas indicações para orientá-lo.

Comece pelo mais importante, explore todas as potencialidades de seu programa de edição de texto e expanda progressivamente as funções de suas necessidades (correio eletrônico, navegador, software de bibliografia – se você decidiu utilizar um etc.). De acordo com o caso, você pode pedir ajuda a amigos mais avançados que você nessa área, recorrer à ajuda disponível no software ("Ajuda" ou "?"), utilizar um manual de editor de texto – ou, é claro, uma combinação dos três. Aproveite os momentos em que você não está trabalhando em sua tese para explorar as potencialidades de seu computador e da web.

Quanto mais cedo você começar seu trabalho com um equipamento que domina bem, menos tempo perderá. Mas como acontece comumente, para ganhar tempo é preciso começar perdendo-o.

A redação assistida

A tese com a ajuda do computador é, ao mesmo tempo, uma tese como as outras e uma tese realizada segundo métodos particulares – os da informática. Os métodos de trabalho fundamentais permanecem idênticos. Seja organizando os documentos impressos em suas prateleiras ou os documentos digitais em suas pastas eletrônicas, é você quem deve pensar o sistema de classificação, alimentá-lo e atualizá-lo regularmente. O mesmo vale para a redação.

O computador o ajuda, o auxilia, acelera algumas de suas tarefas e automatiza outras, de certa maneira, mas ele não pensa por você. Nunca. A automatização é uma função "besta": não se contente com ela. Trate-se do corretor ortográfico e gramatical, do sumário, do índice, de certos elementos de formatação e de pontuação, verifique sempre o que seu computador faz e corrija o que precisar ser corrigido.

Aprenda a conhecer a lógica de funcionamento, os limites e o ritmo de seu computador. Esta é a melhor maneira de dominá-lo bem. Comece pelo começo:

- Defina quais *estilos* você vai utilizar sistematicamente: um para o texto, um para a bibliografia, um para as fichas de leitura, um para sua correspondência profissional etc. (capítulo 26);
- Utilize sistematicamente a função *Cabeçalho*, que será útil para caracterizar cada documento, tanto para a documentação quanto para a redação da tese; anote o nome do documento e sua data, o que permitirá que encontre facilmente um documento em uma pilha de papel – e, claro, a função *Paginação*;
- Pense desde já que utilização pode fazer da função *Sumário* (capítulo 33) e questione-se se vai recorrer a um programa de bibliografia ou se prefere montá-la com a ajuda do programa de edição de texto (capítulo 31);

- Configure o programa editor de texto de maneira que ele realize *salvamentos automáticos* regularmente;
- Desde os primeiros documentos – e para cada novo –, tenha o hábito de fazer *cópias de segurança*, de forma a sempre ter uma cópia dos arquivos de sua tese; uma cópia – em HD externo, em outro computador, em um pen drive ou em nuvem – estruturada exatamente como o original, que permitirá que você continue seu trabalho em caso de acidente (vírus, documento corrompido, perda, roubo, incêndio);
- Familiarize-se com a ferramenta *substituir*, que permite alterar um grupo de caracteres por outro. Sua utilidade principal é a correção ortográfica automática, mas você pode também acelerar a sua digitação ao trabalhar com seu sistema pessoal de abreviações e substituindo-as depois pelas palavras correspondentes. No entanto, se seu sistema de "digitação abreviada" carece de precisão, melhor não utilizá-lo.

A organização e classificação de documentos

Você deve construir, progressiva, meticulosa e regularmente, um sistema de classificação de todos os documentos relacionados à sua tese. Aprenda a criar pastas e subpastas nas quais você organizará todos os documentos que fizer download ou criar:

- crie uma pasta geral em seu disco rígido que se chame, por exemplo, "Tese", para separar seu trabalho de tese dos outros documentos e arquivos que também vai utilizar;
- dento da pasta, crie subpastas, tais como "Bibliografia" (exceto se decidir utilizar um programa para a bibliografia), "Correspondência com o orientador", "Fichas de leitura", "Redação", "Estatísticas", "Entrevistas", "Arquivos" ou, ainda, "Tabelas", "Esquemas" etc;

- crie também pastas temáticas;
- e, depois, se não gostar de jogar nada fora, crie uma pasta que chamará, por exemplo, de "Antigas versões" ou "Documentos utilizados".

Sua classificação deve ser adaptada a seu assunto e seus métodos. Ela crescerá proporcionalmente ao seu trabalho, mas cuide para não se perder em um labirinto de subpastas que não será capaz de memorizar e, portanto, que não terá grande utilidade:

- se seus documentos se tornarem muito numerosos em uma pasta, não hesite em criar uma pasta complementar;
- inversamente, se não conseguir preencher uma pasta, distribua seu conteúdo por outras pastas e apague-a. Não sobrecarregue a memória de seu computador com algo sem utilidade.

Assim que criar documentos e em função do que seu programa aceita, dê-lhes títulos explícitos; se estiver limitado ao número de caracteres, opte por um código simples que você será capaz de compreender dentro de alguns meses ou até mesmo anos. Se forem de documentos a serem avaliados em algum tempo, date-os no título colocando o ano, depois o mês e em seguida o dia, para que os documentos com o mesmo nome não se classifiquem cronologicamente de forma automática (por exemplo: "Projeto de tese-05 12 01.doc").

Documentação com a ajuda da internet

Como o computador, a internet vem se tornando uma das partes mais importantes na atividade do pesquisador. Nela pode-se encontrar literatura científica (algumas revistas estão disponíveis somente on-line, os catálogos de grandes bibliotecas também estão disponíveis on-line), informações de todos os tipos (estatísticas, análises, depoimentos, imagens, som e vídeo etc.), redes científicas (lista de discussão, newsletter de associações científicas, anúncios de colóquios e publicações) etc.

Para o estudante no começo de tese é difícil ter todas as informações esclarecidas (capítulo 17). Lá há alguns conselhos que vão permitir que você dê os primeiros passos no universo caótico da internet.

Se já possui os endereços (URL) dos centros de documentação, revistas ou equipes que trabalham na área que se relaciona à sua tese, comece por lá. Se não, utilize os endereços que vão permitir encontrar os documentos de que precisa (capítulo 15), ou faça como todo mundo e como você provavelmente já deve ter feito: utilize um site de buscas, Google, Yahoo! ou outro que prefira e busque por palavras-chave como faria em um catálogo de biblioteca. Se obtiver muitas respostas, refine sua pesquisa. Mas atenção, pois as buscas desses sites são ultrapotentes, ultrarrápidas, ultravolumosas e ultralimitadas. Elas são, portanto, de uma natureza diferente da "pesquisa" que você fará ao longo dos anos e que deve ser bem delimitada, medida, dominada, centrada, aberta e inteligente. Depende de você, então, utilizar a internet a favor de seu trabalho.

Tenha sempre o hábito de verificar a fonte das informações que lhe parecerem interessantes. Grande parte das informações disponíveis na internet não foram selecionadas por profissionais. Procure, então, quem é o autor do site, da página, da informação disponibilizada em sua tela (por exemplo: busque o nome do autor em um site de buscas) e faça recortes a partir do que você já sabe por outras fontes sobre a questão. Ser capaz de apreciar a qualidade de uma informação faz parte das características essenciais do pesquisador.

Não se deixe afundar em uma onda de informações. Aprenda a selecionar aquelas que são pertinentes para você e deixe de lado as que não trarão nada para sua tese ou que, talvez, a fragilizem. Identifique os sites importantes para seu questionamento e suas pesquisas: sites institucionais, bibliotecas, institutos de estatística etc.

Atualmente recomenda-se salvar uma cópia do arquivo no e-mail ou num espaço virtual, chamado nuvem; tais como Dropbox, SkyDrive, GoogleDrive e outros.*

Trabalhar intensamente no computador pode prejudicar seu disco rígido. Se a máquina em que você trabalha for sua, aprenda a manter o bom funcionamento do disco rígido com a utilização das funções *Limpeza de disco* e *Fragmentação de disco* uma vez por mês ou a cada dois meses.

E para você mesmo, pense regularmente em carregar as energias indo caminhar ou de outra maneira que preferir.

*(N. da R.)

9
Primeira elucidação/edição

Não esqueça: o tempo é contado. Adquira o hábito de se organizar.

Para um "exame completo" da documentação você tem algumas semanas: 2 ou 3 para uma dissertação, 4 a 8 para uma tese.

Não se trata de ler tudo, evidentemente.

Trata-se de explorar, sondar, ter uma visão do conjunto. Trata-se de começar uma exploração sistemática da documentação publicada a partir:

– dos fichários de assuntos de várias bibliotecas;
– das obras bibliográficas *ad hoc*;
– das bibliografias de obras, teses, artigos.

Para esse trabalho você terá acesso a vários meios, desde gavetas de fichas em bibliotecas e centros de documentação a arquivos informáticos (passíveis de consulta pela internet) e às inúmeras fontes que a internet oferece: cabe a você utilizá-los e combiná-los de maneira inteligente, com rigor, guardando cuidadosamente as fontes das informações utilizadas. É preciso também:

– ter em mãos, folhear – ou percorrer a tela – e avaliar as obras que se reportam mais diretamente ao assunto escolhido, assim como as obras e os artigos com autoridade sobre a questão;

- entrar em contato com a fonte da documentação sobre a qual irá trabalhar (quer se trate de estatísticas, materiais jurídicos, administrativos ou arquivos);
- entrar em contato com o *locus* em que irá trabalhar (empresa, zona rural, bairro da cidade) e encontrar as pessoas e as instituições com as quais terá de tratar de uma maneira ou de outra, sejam elas obstáculos ou apoios para você.

Desde esse momento, você tem de começar a tomar notas. Faça-o de maneira sistemática e sempre que possível no computador:

- com fichas por livro, por artigo, por fonte,
- com fichas de informação (sempre indicando a fonte precisa),
- com fichas de ideias, de hipóteses, de interpretação (indicando se brotaram de você ou de outra fonte, e datando-as).

Se você é um verdadeiro adepto do mundo digital – da primeira anotação à última versão da tese –, comece a organizar um sistema que permitirá encontrar facilmente os documentos que você tem acumulado. Associe o trabalho em papel com o trabalho no computador, visando coerência e complementaridade dessas duas formas – papel e digital – da documentação e da escrita (capítulo 12).

Faça-o de forma cuidadosa. As abreviações, os erros de ortografia e as formulações aproximadas podem fazer com que ganhe tempo imediatamente; mas eles podem lhe fazer perder bem mais que alguns meses na hora da redação ou definição de sua tese. Anote sempre as referências das obras consultadas, pegando todas as informações necessárias e utilizando a apresentação formal desejada para a bibliografia (capítulos 27 e 31).

O essencial, nessa fase, é:
- dimensionar a amplitude da tarefa: existem, concernentes ao assunto, alguns livros, algumas dezenas ou centenas? Há

três pastas de arquivos ou de documentos, 1 metro cúbico ou 10 metros cúbicos?
- assinalar os 2, 5, 10 livros ou artigos cuja leitura e análise são absolutamente imperativas e urgentes;
- assinalar as 2, 5, 10 pessoas, especialistas, personagens chave, testemunhas, antigas ou outras, absolutamente imprescindíveis, seja para ver, escutar ou consultar.

E é preciso ler os livros mais importantes, tomando notas; procurar as pessoas mais importantes; começar a refletir, a urdir na cabeça as questões, os debates, as certezas, as dúvidas, as interrogações, os pontos fortes, as zonas de ignorância; é preciso, também, fazer uma primeira triagem, separar o essencial do inútil ou do secundário; é preciso fazer escolhas, triar, decidir sobre os eixos em que irá concentrar sua pesquisa, em que campos irá concentrar seus esforços, em que materiais irá se aprofundar.

O preço será algumas jornadas de insatisfação, de bloqueio e de desencorajamento e algumas noites de insônia ou de sono atribulado: muitas vezes, esse é o sinal de que o trabalho está sendo feito. E em breve você estará no ponto de redigir a *problemática I* e de elaborar seu *plano de trabalho*.

10
Problemática I
e plano de trabalho

A problemática é o conjunto construído em torno de uma questão principal, das hipóteses de pesquisa e linhas de análise que permitirão tratar o assunto escolhido.

A problemática é um componente essencial no trabalho de preparação da tese.

Ela é tão importante para o trabalho da tese quanto o cérebro ou o sistema nervoso para um ser humano ou quanto o cabine de pilotagem para um avião.

Não há boa tese sem boa problemática; e sua redação para submissão ao orientador é etapa essencial.

Evidentemente, a problemática evolui e amadurece à medida que avança a preparação da tese.

Ela se forma a partir do primeiro questionamento e das pistas de trabalho esboçados no momento da escolha do assunto. Ela é delineada progressivamente em sua mente, até o momento em que as coisas ficam claras e estabilizadas e, assim, você vai dispor de uma "problemática provisória".

Depois do trabalho de elucidação/desbaste, ela já deve ser concisa, sólida, clara, afirmativa: é o que eu chamo de *problemática I*, que permite organizar o *plano de trabalho*. Plano indispensável, que permitirá centrar, de maneira útil, o trabalho de pesquisa e evitará dar voltas em demasia ou se afastar, seguindo pistas inúteis.

Em seguida, à medida que você progredir em sua pesquisa, suas ideias se tornarão claras, suas hipóteses se tornarão precisas e suas análises se afirmarão: em resumo, sua problemática amadurecerá. E não é ruim, em certas fases, refazer a redação.

No final de sua pesquisa você será capaz de redigir uma nova versão de sua problemática: o que eu chamo de *problemática II*, que lhe permitirá construir o raciocínio que sustentará seu *plano de redação* (capítulo 23) e que deverá ser parte integrante da introdução geral de sua tese.

A problemática I não cai do céu. Ela é a finalização do duplo trabalho anterior: escolha do assunto e elucidação/desbaste. Ela se constrói em torno da questão principal, que deve ser crucial, central e, portanto, essencial em relação ao assunto.

A questão principal é uma ferramenta indispensável para triar e hierarquizar a informação. Ela permite, também, construir um sistema coerente de hipóteses, questionamentos, interrogações, fundada nas "ferramentas ideais", conceitos e elementos teóricos os mais coerentes e rigorosos possíveis.

Do assunto à problemática I

① **ESCOLHA DO ASSUNTO** ↔ – escolha do objeto da pesquisa
– uma ou mais questões
– campos e pontos a aprofundar

PROBLEMÁTICA PROVISÓRIA

② ELUCIDAÇÃO / ↔ – consciência da amplitude
DESBASTE do campo de trabalho, das
inter-relações com outros e a
complexidade
– multiplicidade das questões
e dos eixos de aproximação
– identificação dos campos e
pontos nodais a estudar

③ A ELABORAÇÃO DA PROBLEMÁTICA I
PASSA PELA ESCOLHA DE UMA QUESTÃO PRINCIPAL
que deve ser crucial, essencial e central em
relação ao assunto escolhido e permitirá construir
um jogo de hipóteses apropriado e coerente

Sobre essa base e levando-se em conta, ao mesmo tempo, a questão principal e os campos de pesquisa assinalados, trata-se de elaborar o *plano de trabalho* para a pesquisa em curso:

– algumas grandes questões a elucidar;
– alguns grandes campos a estudar, especificando os meios e os métodos que serão utilizados.

A questão principal deve ser formulada em algumas linhas: quanto mais simples, melhor; o conjunto de hipóteses poderá estar presente em algumas páginas, da mesma forma que o plano de trabalho, num total de 7 a 15 páginas.

Seria bom acrescentar aí uma primeira bibliografia seletiva, indicando:

– as principais fontes que serão exploradas e utilizadas,
– os principais livros e artigos que serão lidos.

No total, com a bibliografia, de 10 a 20 páginas.

Essa problemática I deve ser apresentada ao orientador e discutida com ele. Apoiado nela, você deve entrar em acordo com ele quanto à orientação geral de seu trabalho de pesquisa, os campos de aplicação, os métodos e as etapas da pesquisa.

Além do orientador, cada estudante que prepara uma tese deveria procurar, à sua volta, 2 ou 3 outros "leitores interessados": outro professor, um jovem pesquisador ou outro doutorando. Seria bom que ao menos um conhecesse o campo estudado e que outro o ignorasse quase totalmente. É claro que se faz necessário submeter-lhes a problemática I e recolher suas observações, críticas e sugestões. Talvez você também possa apresentá-la em um seminário ou evento acadêmico. Sobre o bom uso do orientador e de outros leitores, ver o capítulo 23.

Se a discussão com o orientador sobre a problemática I ocorrer mais de 8 semanas depois de feita a inscrição (3 semanas para uma dissertação em um ano), você começa a ficar atrasado.

Atenção: organize-se melhor. Seja mais exigente e rigoroso consigo mesmo.

11
Questão principal e plano de trabalho

No coração da problemática: *a questão principal*.

Ela é tão indispensável para o autor de uma tese quanto o conhecimento do rumo a seguir para um navegador.

Ela previne desvios, pois uma dificuldade levanta outra; um problema resolvido desemboca em novos horizontes; uma ignorância, em novas interrogações. A questão principal permite manter o rumo: ela nos ajudará a encontrar o eixo de nossa pesquisa, a elaborar a problemática – seja em torno de uma hipótese, seja no quadro de um conjunto coerente de hipóteses – e depois clarear as linhas gerais da pesquisa e permitir a construção do plano de trabalho.

E quando, preso na engrenagem de sua pesquisa, você for tomado pela incerteza – diante de uma nova fonte de materiais, ou de um debate interessante mais distante do assunto ou de uma aproximação teórica estimulante que coloca em questão algumas de suas escolhas –, é ela que o esclarecerá e o ajudará a tomar uma boa decisão.

Sem questão principal não há boa tese.

Todas as boas teses que já vi estavam estruturadas ao mesmo tempo guiadas e animadas, por uma questão principal.

A questão principal deve ser crucial, central e essencial no tocante ao assunto escolhido. Isso dito, a questão principal deve ser uma ajuda. Não é preciso que sua pesquisa seja uma fonte de bloqueio. Para alguns – que já tenham trabalhado o assunto, por exemplo numa dissertação de mestrado acadêmico ou que já tenham amadurecido a tese que desejam realizar –, a questão principal está, essencialmente, no enunciado do assunto proposto: sendo inútil buscar uma nova formulação. Para muitos, o encaminhamento das primeiras questões (no momento da escolha do assunto) ao enunciado da questão principal se fará sem muitos problemas ao longo da elucidação/desbaste.

Para outros, será mais difícil: não se deixe bloquear, continue trabalhando. Releia suas anotações (sistematicamente datadas), explore os pontos fortes e os problemas cruciais. Faça a análise por escrito, anotando as diferentes formulações que surgirem. Converse sobre elas com possíveis interlocutores que possam ajudá-lo. Leia ainda mais. Ande, escute música, vá assistir a um filme, passe um fim de semana no campo. Anote tudo que vier à mente. E em uma manhã, ao se levantar ou apenas por insistência, você encontrará a questão principal.

Mas se não a encontrar, há um problema, e é melhor conversar com outro orientador.

Na busca por sua questão principal, atente para que ela não esteja paralela ao assunto, nem desconectada, fora dos eixos.

Por exemplo, se o assunto for: "O lugar da economia da Zanúbia no sistema econômico mundial", a questão principal não pode ser:

- "Qual foi o modo de desenvolvimento da Zanúbia desde a independência?" (isso é outro assunto); nem "A escolha do desenvolvimento agrícola moderno voltado para a exportação" (esse é apenas um aspecto do assunto escolhido e pode vir a ser outro assunto).

A questão principal pode ser se a Zanúbia é um país dependente, empenhado no caminho do desenvolvimento:

- "Levando-se em conta o caminho de modernização escolhido, a economia da Zanúbia não pode ser caracterizada por uma situação de especialização dependente?"

Essa questão aprofunda e caracteriza o assunto ("O lugar da Zanúbia no sistema econômico mundial"); ela lhe dá uma dinâmica com o tema da "especialização dependente", ligada ao processo de modernização utilizada; e se abre de maneira totalmente natural para o *plano de trabalho*. Você deve, primeiramente, trabalhar a teoria da dependência, sua contribuição em relação às teorias mais aceitas sobre trocas internacionais, os debates e as críticas dos quais ela é objeto, assim como as pistas de análise que ela oferece: você terá de justificar a escolha dessa aproximação em sua tese diante da banca.

Além disso, deverá analisar o processo de modernização da economia da Zanúbia e sua especialização dependente:

1. Na agricultura: que modernização e quais especializações agrícolas? Quais incidências sobre a evolução de culturas alimentares, as estruturas sociais e o êxodo rural?
2. Na indústria: quais escolhas para os recursos minerais e as indústrias de transformação? E as tecnologias e transferências de tecnologia? E o financiamento e o endividamento?
3. Nos serviços (setor terciário): quais são as principais escolhas para o turismo, os transportes marítimos e aéreos e o setor banco-seguro?
4. Nesses diferentes campos, qual foi o papel dos diferentes atores: Estado, empresas estrangeiras, organismos internacionais, empresários locais, comunidades camponesas?
5. Quais foram as transformações sociais mais marcantes? A urbanização, o desenvolvimento de favelas, as migrações ou a emigração? Quais os efeitos sobre o meio ambiente (solo, águas, florestas), sobre as fontes de recursos naturais, sobre as condições de vida?

Esse é o *plano de trabalho*, sobre o qual será conveniente conduzir o trabalho de pesquisa, documentação, análise, reflexão e esforço de interpretação.

Mas é importante, desde esse momento, não se limitar rigidamente ao plano de trabalho nem o considerar esquema da redação. O plano de redação será a armadura coerente do raciocínio construído que levará ao texto da tese, raciocínio que implicará, na maioria das vezes, recomposição do material trabalhado para trazer uma resposta à questão principal.

Daí, a motivação, totalmente decisiva, para se chegar, tão cedo quanto possível, a formular, de maneira clara, simples e firme, essa famosa *questão principal*. Daí, também, a necessidade de não se fazer da estrutura do plano de trabalho uma camisa de força durante a redação (capítulos 21 e 22).

12
Organização do trabalho de pesquisa

É preciso insistir nisso: a *questão principal*, formulada de maneira clara e firme, *será a chave de seu trabalho de pesquisa – assim como será, mais tarde, a chave de seu trabalho de redação.*

Partir para um trabalho de pesquisa sem a *questão principal* é tão pouco sensato quanto se embrenhar sem bússola numa imensa floresta ou sem GPS num raide em uma montanha...

Você tem sua questão principal e seu plano de trabalho.

Então, aceite um conselho prático muito simples: pegue uma folha de cartolina e coloque diante de sua mesa de trabalho; escreva nela, em letras bem grandes, a questão principal e seu calendário previsto.

E, de tempos em tempos, examine "onde você está" com relação à questão e com relação ao calendário.

Anotações, fichas e referências

Com o assunto e a problemática I, com orientador e grupo de "leitores", com plano de trabalho, ei-lo munido do equipamento mínimo.

Falta-lhe ainda:

- organizar seu material;
- definir seu método de pesquisa;
- estabelecer com clareza as bases teóricas sobre as quais apoiará sua pesquisa.

A organização do material inclui seus documentos em papel, mas também no computador; ela deve ser pensada, concebida desde o início do trabalho de pesquisa. Ela deve permitir, ao mesmo tempo:

- encontrar rapidamente (no decorrer da pesquisa ou da redação) um material ou um conjunto de materiais;
- ser consultada de maneira fácil e racional, estando submetida a classificações que evoluam e sendo facilmente utilizável no momento da redação;
- encontrar a fonte específica de cada informação (citação, é claro, mas também algarismos, evocação de uma interpretação etc.).

Nada é mais estafante e irritante do que ser obrigado – em presença de dois algarismos divergentes ou de uma frase truncada ou inexata – a percorrer vários documentos para descobrir "de onde eles saíram".

Cada anotação deve ser, sistematicamente, acompanhada de identificação de sua fonte.

Cada fonte consultada (livro, artigo, documento, anuário...) deve ser objeto de uma ficha completa e precisa, indicando até a edição utilizada – para seu próprio uso, seja com o nome da biblioteca onde foi consultada e, eventualmente, sua cota ou o nome de quem lhe comunicou, seja o nome e o endereço na internet (o URL) do site visitado, seguidos pela data de acesso.

Nada é mais fatigante, no momento da redação ou da pesquisa final, do que ser obrigado a ir a várias bibliotecas ou centros de documentação para encontrar uma obra ou um documento que possibilite fazer uma última verificação.

Fazendo isso você estará dotado de uma documentação "operacional", tanto para a pesquisa quanto para a redação. E, concomitantemente, prepara um dos componentes da tese: "fontes e bibliografia" (capítulo 31), que é parte integrante de todo trabalho universitário.

Daí a importância de você se submeter, desde o início, à disciplina de "referenciar", de maneira exata, livros, documentos, artigos e outras fontes.

Os adeptos do arquivo de fichas são cada vez mais raros. Mas toda pessoa que utiliza o computador será obrigado a anotar referências em um pedaço de papel quando não tiver seu equipamento à mão. Neste caso, é preciso organizar uma forma-padrão, sejam as fichas ou um pequeno caderno de anotações que caiba no bolso.

O computador já está presente em sua vida e certamente será essencial para suas atividades futuras. Ele será um precioso ajudante para a realização de sua tese, pois permitirá não apenas manter um conjunto de documentos (anotações, citações e outros materiais) sob uma forma que facilita o trabalho de pesquisa, como será crucial para a redação da tese (capítulo 19). Além disso, se você organizar nele um arquivo de referências e fontes, bem rigoroso, ganhará muito tempo na hora de escrever sua bibliografia (capítulo 31).

Desde o início é preciso criar em seu computador uma pasta chamada "Fontes", na qual você colocará as "fichas de referência" criadas para todas as suas fontes de pesquisa. Essas "fichas" devem ser classificadas por ordem alfabética da primeira palavra de referência (nome do autor ou, no caso de vários autores em que não é possível saber quem é o principal, primeira palavra significativa do título).

Para cada "fonte" consultada (obra, artigo, documento) aconselho estabelecer uma ficha composta da seguinte forma:

1. A referência precisa e completa da "fonte", apresentada na forma exigida para a bibliografia;
2. A "forma abreviada" (nome do autor ou, no caso de vários autores sem um principal, a primeira palavra significativa do título, e data de publicação) – você utilizará esta forma para estabelecer uma referência para as anotações, citações

etc. que acumulará ao trabalhar com a "fonte", mas também a utilizará quando quiser citar esta "fonte" no momento da redação de sua tese;
3. O local (obra pessoal,* biblioteca, centro de documentação, site da internet – o mais preciso possível) onde encontrou e consultou o material;
4. Sua avaliação pessoal e qualquer opinião ou crítica útil para sua própria utilização;
5. Data de confecção da ficha.

EXEMPLOS DE FICHAS BIBLIOGRÁFICAS**

```
MINAYO, Maria Cecilia de Souza. Pesquisa social: teo-
ria, método e criatividade. Petrópolis: Vozes, 2010.

        (1)
        (2) MINAYO, 2010.
        (3) Biblioteca CFCH/UFRJ 300.72 P474t 2010
        (4) Bom livro. Método de pesquisa
            qualitativa. Com bibliografia.
        (5) 12 fev. 2013.
```

```
RESENDE, Érica; ZATTAR, Marianna. Os livros, os bi-
bliotecários e a primeira guerra digital mundial. In:
SEMINÁRIO NACIONAL DE BIBLIOTECAS UNIVERSITÁRIAS, 17.,
2012. Gramado. Anais... Gramado: UFRGS, 2012.

        (1)
        (2) RESENDE; ZATTAR, 2012.
        (3) Base Minerva UFRJ. Texto
            digital(http://teses2.ufrj.br/30/
            teses/796205.pdf)
        (4) Rever Referências.
        (5) 27 abr. 2013.
```

---

*Aproveite a oportunidade para reorganizar ou reclassificar as obras de sua biblioteca, se parecer necessário. (*N. do A.*)
**Exemplos de fichas adaptados para o cenário brasileiro. (*N. da R.*)

```
DANTAS, Marcos. Informação e trabalho no
capitalismo contemporâneo. São Paulo: Lua Nova, n.
60, p.05-44, 2003.

    (1)
    (2) DANTAS, 2003.
    (3) Base Scielo. Texto digital (http://
        www.scielo.br/pdf/ln/n60/a02n60.pdf)
    (4) Conhecimento e trabalho. Sociedade da
        informação.
    (5) 20 jun. 2013.
```

```
MACIEL, Maria Lúcia; ALBAGLI, Sarita. Informação, co-
nhecimento e poder: mudança tecnológica e inovação
social. Rio de Janeiro: Garamond, 2011.
```

```
    (1)
    (2) MACIEL; ALBAGLI, 2003.
    (3) Obra emprestada.
    (4) Usar Capítulo 5. Capitalismo digital
        em crise. Referência do capítulo:
        SCHILLER, Dan. Capitalismo digital
        em crise. In: MACIEL, Maria Lúcia;
        ALBAGLI, Sarita. Informação,
        conhecimento e poder: mudança
        tecnológica e inovação social. Rio de
        Janeiro: Garamond, 2011. p. 133-150.

    (5) 24 jul. 2013.
```

Nota: em livros, coloca-se em *itálico* o título da obra; em revistas e periódicos, o *nome* da revista ou periódico.

(1) Referência precisa, diretamente utilizável para o estabelecimento da bibliografia.
(2) Referência codificada, para seu uso, que permite, para cada informação, anotar de maneira rápida, mas precisa, sua origem (ex.: MINAYO, 2010, p. 20). Essa referência poderá ser utilizada para indicar as fontes das citações, quadros, tabelas etc., em seu texto ou nas notas.

(3) Localização do exemplar utilizado do exemplar ou URL do documento.
(4) Apreciação pessoal da obra referida e o uso a ser feito.
(5) Data da ficha.

Se você adotar desde agora a disciplina que consiste em anotar metodicamente as referências das obras nas quais pesquisa, deve integrar os rigores e as suscetibilidades da apresentação bibliográfica (capítulo 31).

Independente de trabalhar ou não no computador, você deve criar logo dois arquivos:

– Um chamado "Fontes a consultar", em que anotará as referências principais (mesmo incompletas) dos trabalhos que acredita que deve dar uma olhada, à medida que seu trabalho e pesquisa avançam;
– Outro chamado "Fontes consultadas", em que deve registrar metódica e cuidadosamente os dados das fichas cuja estrutura acabei de propor. Quando começar a estabelecer sua bibliografia, crie um outro documento chamado "Bibliografia geral", no qual colocará, com o método de copiar/colar, as referências bibliográficas das obras que decidir utilizar. Ao menos, é claro, que você tenha decidido utilizar um programa *ad hoc* para a bibliografia (capítulo 31).

O essencial é definir seu modo de organização desde o início e respeitá-lo decidida e sistematicamente.

Metodologia

Além da organização das bases materiais de sua pesquisa, você terá de escolher e precisar sua metodologia. Não se trata, aqui, de expor diferentes métodos em ciências humanas e sociais, jurídicas e econômicas. Tudo que posso fazer é insistir para que você reserve algum tempo, antes de dar a partida no trabalho propriamente dito, para definir um método que se adapte, ao mesmo tempo:

- à sua disciplina;
- ao seu assunto;
- ao material sobre o qual irá trabalhar;
- ao enfoque que escolher.

Da mesma forma, terá de se munir da *"aparelhagem" teórica e conceitual mínima*. Se houver uma, duas ou três palavras-chave dentro do título de seu assunto, uma primeira reflexão crítica sobre suas definições deverá lhe permitir separar o conteúdo que você lhes dá. Deve, igualmente, ter tomado conhecimento, de maneira rápida, dos debates concernentes ao campo sobre o qual irá trabalhar, para destacar as linhas de separação em níveis, os eixos de reflexão correspondentes a esse campo.

Vida pessoal

Enfim – e isso diz respeito mais à sua vida pessoal do que à sua tese –, terá de *organizar sua vida*, o que inclui a vida familiar, em função de sua tese.

Se só tiver isso para fazer, restrinja-se a consagrar 7 ou 8 horas por dia à sua tese, com um dia ou um dia e meio de repouso por semana.

Mas, em geral, tem-se mais do que isso para fazer. Nesse caso, será preciso redobrar a disciplina: um professor elaborou sua tese consagrando-lhe, de maneira imperativa, 3 dias e meio por semana; se é casado, a atitude do outro será determinante para a capacidade de finalizar a tese: *a fortiori* se há um ou mais filhos. Conduzir bem uma tese implica muitas limitações e indisponibilidade ao longo dos anos.

Muitos estudantes, entretanto, nunca chegam a terminar seu trabalho de tese por não ter sabido impor-se a disciplina pessoal e familiar indispensável.

13
Trabalho teórico e conhecimento

Desde que chegou à idade de poder observar e compreender, de certa maneira, você faz "epistemologia sem se dar conta", pois emprega certo procedimento de conhecimento, certa maneira de apreender o real. Se ainda não o fez até agora, é tempo de ver claro em si mesmo e, talvez, de colocar um pouco de ordem em sua cabeça.

Não me arriscarei, aqui, a dar uma volta pelo imenso problema do conhecimento, do saber, do procedimento científico em ciências sociais e humanas, econômicas e jurídicas... Esse é o objeto de outras obras. Eu me limitarei a dois pontos.

Quero primeiro enfatizar que, no nível do mestrado acadêmico e do doutorado, você deve, se é que já não o fez recentemente, determinar a resposta a esta pergunta: o que é o trabalho de conhecimento, no seu campo de interesse? Se você está se empenhando em um trabalho de pesquisa, o mínimo indispensável é ter uma ideia tão precisa quanto possível do sentido e do conteúdo do que irá fazer.

Portanto, em função de sua disciplina, de seu procedimento, de seu assunto, deve afinar seu método científico. Evidentemente, não negligencie tudo o que já foi elaborado no assunto: método de pesquisa histórica ou investigação sociológica, análise de texto ou estudo econométrico, conversação não dirigida ou trabalho estatístico: readapte-o, ao mesmo tempo, cercando as potencialidades e os limites do método, e examinando, também, em que medida ele esclarece a questão estudada. Dizendo de outra forma: mantenha-se crítico, mais uma vez.

Gostaria de repassar de maneira sucinta alguns elementos do "estado atual" de minhas concepções nesse campo, considerando que, em parte, algumas orientações deste livro são "influenciadas", "orientadas", "marcadas" por essas concepções. É desejável, portanto, explicitá-las, embora de maneira muito esquemática.

1. O conhecimento é um processo interativo entre o real (que se estuda) e a representação desse real na mente (pensamento concreto, construção teórica, recomposição ideal do concreto percebido ou vivido).
2. Portanto, nunca há "conhecimento absoluto"; há apenas uma progressão na adequação da representação "na mente" ao real, de sua capacidade de dar conta do real.
3. A qualidade de uma teoria não pode ser julgada apenas por sua coerência interna, mas de acordo com sua capacidade de dar conta do real.
4. O trabalho sobre o real implica sempre uma posição inicial teórico-científica (mesmo que seja elementar, fragmentária e não explicitada).
5. O trabalho sobre o real só pode ser feito por meio da utilização de instrumentos conceituais, teóricos, científicos.
6. A utilização desses instrumentos conceituais, teóricos, científicos, no trabalho do conhecimento e na análise do real, obriga o aprimoramento da elaboração dos próprios instrumentos.
7. Isso significa que, do meu ponto de vista, não há lugar, no trabalho de conhecimento:
   – nem para o "trabalho teórico puro" (podado de toda referência a um objeto ou a uma realidade da qual se trata de dar conta),

- nem para o empirismo descritivo puro (não levando em consideração o esforço indispensável de elaboração teórica e de conceitualização).

O conhecimento é o movimento por meio do qual são utilizados "instrumentos ideais" (teóricos, conceituais, científicos) para ler, interpretar, analisar uma realidade; e nesse trabalho sobre a realidade se é levado a aprimorar, elaborar, aperfeiçoar os "instrumentos ideais" existentes.

APROFUNDANDO A QUESTÃO DO CONHECIMENTO

Evidentemente, você pode ler manuais recentes de epistemologia; mas acredito que muito lucraria lendo – no todo ou em parte – algumas obras de grandes autores, entre eles:

BACHELARD, Gaston. *A formação do espírito científico*: contribuição para uma psicanálise do conhecimento. Rio de Janeiro: Contraponto, 1996.

FEYERABEND, Paul K. *Contra o método*. Tradução de Octanny Silveira da Mota. 2ª ed. Rio de Janeiro: F. Alves, 1985.

KUHN, Thomas S. *A estrutura das revoluções científicas*. 5ª ed. São Paulo: Perspectiva, 1998.

MORIN, Edgar. *O método*. Tradução Juremir Machado da Silva. Porto Alegre: Sulina, 2005-2008. 6v.

POPPER, Karl Raimund. *A lógica da pesquisa científica*. Tradução de Leonidas Hagenberg e Octanny Silveira da Mota. 5ª ed. São Paulo: Cultrix, 1993.

E, claro, consulte também as obras consagradas ao problema do conhecimento em seu campo e em sua disciplina.

O que acaba de ser dito não implica nenhuma preferência quanto à natureza dos temas: os assuntos ditos "teóricos" (sobre o pensamento de um autor ou algum debate científico ou teoria) podem ser escolhidos tanto quanto os ditos "empíricos" (sobre um problema constitucional, uma questão social ou econômica).

O que é preciso, em cada caso, é escolher o procedimento científico que permita tratar o assunto. E não se trata um assunto dito "teórico" limitando-se a reler e a citar alguns livros; da mesma maneira que não se trata um assunto dito "empírico" limitando-se a reunir informações factuais. Nos dois casos, é preciso construir a problemática e utilizar o procedimento de análise adequado.

Em todos os casos, o que se espera de uma tese, assim como de todo trabalho de pesquisa, é um progresso dentro do conhecimento: seja ele um esclarecimento novo sobre uma questão em debate, a reconstrução de um corpo explicativo ou o aprofundamento da análise sobre um ponto importante. Uma tese deve contribuir, mesmo que modestamente, para o aprimoramento, para a ampliação ou o aprofundamento do conhecimento, dentro do domínio de sua competência.

14
Como efetuar a pesquisa bibliográfica

Escolhido seu assunto, você tem – ao menos em uma versão provisória ou transitória – sua questão principal e sua problemática. Sabe, portanto, em que campo irá trabalhar e quais os eixos de reflexão, de análise, de interpretação quer explorar. Já efetuou uma primeira elucidação/desbaste da documentação, mas tem necessidade, agora, de torná-la mais sistemática. De fato, precisa explorar bem o terreno (intelectual) em que irá trabalhar: conhecer o que já foi estudado, debatido anteriormente; as teses ou hipóteses propostas; as principais interpretações ou construções teóricas. Para isso será preciso "dar uma olhada" nas principais publicações existentes: artigos, estudos ou relatórios, teses e trabalhos universitários e obras publicadas.

Daí a importância de uma primeira pesquisa bibliográfica tão séria e exaustiva quanto possível. Dois procedimentos se oferecem, e é preciso utilizá-los paralelamente, pois são complementares:

1. O método da busca das origens bibliográficas;
2. O método da pesquisa sistemática.

A busca das origens bibliográficas

Ela deve ser praticada sistematicamente. Parte-se de obras, artigos ou estudos mais recentes pertinentes ao assunto; estudam-se suas bibliografias, suas fontes, os autores citados, os debates evocados, e anotam-se as referências de todas as obras, artigos, estudos que parecem interessantes. O mais eficaz é trabalhar com fichas ou abrir uma "ficha de referência" para cada título, que será classificada, por ordem alfabética, segundo o nome dos autores (capítulo 12).

Esse procedimento permite "tirar proveito" de maneira muito ampla da documentação a partir dos trabalhos existentes. E, em certos casos, se produz, muito rapidamente, um fenômeno de "bola de neve":

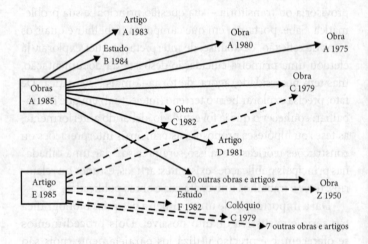

Assim, o trabalho sobre as bibliografias da obra A e do artigo E, publicados em 1985, indica a existência de 36 obras e artigos. Indica também que A e C parecem ter trabalhado durante vários anos sobre o assunto; e que tanto A como E se referem às obras C e Z. São muitas as indicações que se podem explorar de maneira inteligente.

Mas, evidentemente, deve-se continuar trabalhando sobre o estudo B de 2004, a obra C de 1982 etc. Será possível, assim:

- chegar bastante rapidamente a uma centena de obras, artigos e estudos "assinalados" e "fichados";
- delimitar um certo número de publicações que são citadas com frequência e que podem aparecer como merecedoras de serem observadas ou lidas de maneira especial.

> Já há alguns anos se desenvolve, no Brasil, assim como na França, a pesquisa documentária informatizada, e as bibliotecas universitárias foram equipadas com materiais de informática que possibilitam o acesso a diferentes tipos de bancos de dados:
>
> - bancos de dados bibliográficos, que permitem encontrar referências de obras, artigos de periódicos, relatórios, atas de congressos ou teses;
> - bancos de dados jurídicos, que permitem encontrar textos de leis e de jurisprudência...;
> - bancos de dados estatísticos, notadamente econômicos, sociais e demográficos.
>
> Como esse campo evolui muito rapidamente, consulte bibliotecários, documentalistas e outros especialistas.

Porém, isso não deve impedir de se fazer paralelamente uma *pesquisa sistemática em arquivos*.

A pesquisa sistemática em arquivos

Trata-se, aí, de utilizar os arquivos e fichas das bibliotecas e centros de documentação, qualquer que seja sua forma (gavetas com fichas de cartolina, sistema de microfichas, pesquisa informática de bases de dado e pesquisa na internet). Portanto, cabe a você escolher as palavras-chave a partir das quais efetuará essas buscas: quanto mais o assunto for bem-delimitado, mais a questão principal ficará precisa, e em melhor posição você estará de selecionar as entradas (palavras-chave, formulação da busca) a partir das quais sua pesquisa será efetuada.

Ainda aí, é útil refletir antes de agir: na maioria das vezes, é altamente compensador gastar o tempo necessário para estudar o plano de classificação, o sistema de busca antes de se empenhar na pesquisa sistemática dos títulos.

Insisto sobre o fato de que os dois procedimentos são complementares, já que permitem dois rastreamentos cruzados da documentação existente:

- um "horizontal", pela busca das origens bibliográficas;
- o outro, "vertical", pelos grandes temas, mediante a pesquisa sistemática em arquivos e fichas.

Eu recomendaria de bom grado a utilização desses dois métodos por meio de sequências alternadas; começando, por exemplo, pela palavra-chave principal.

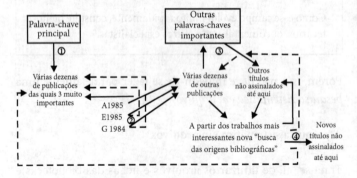

As setas contínuas → indicam que o procedimento utilizado, "vertical", (1) e (3), ou "horizontal", (2) e (4), permite preencher fichas bibliográficas "novas".

As setas tracejadas ---→ indicam que, a partir do procedimento (2), há forçosamente verificação de um fato: "encontram-se" certos títulos já assinalados, e quando a proporção dos títulos assim encontrados se torna muito elevada, é sinal de que se conseguiu realmente "dar uma olhada geral" na exploração bibliográfica.

Isso também não é difícil. Mas é preciso ter método e, portanto, é preciso organização, inteligência, às vezes, com certa dose de intuição e astúcia, além de tenacidade, porque essa pesquisa bibliográfica tem obrigatoriamente alguma coisa enfadonha. Principalmente se incluir – será ganho de tempo para o futuro – a cuidadosa preparação de cada ficha (capítulo 12).

15
Onde e como encontrar os livros, artigos, teses e relatórios

Para consultar os arquivos, para investigar as bases de dados, sem dúvida você já foi a um centro de documentação ou a uma biblioteca e, antes disso, à biblioteca da universidade em que está inscrito. Lá você encontrará, na maioria vezes, uma equipe qualificada que o orientará no prosseguimento de suas pesquisas.

Eis aqui algumas indicações bem gerais sobre:

- as principais bibliotecas em que é possível o acesso;
- os guias e catálogos que lhe permitem uma pesquisa mais aprimorada, mais sistemática. As bibliotecas e centros de documentação que reúnem documentos particularmente interessante para você;*
- os arquivos informatizados;**
- os repositórios institucionais e bases de dados que reúnem toda a coleção das diferentes bibliotecas de uma mesma universidade. Ex.: UFRJ, PUC-Rio, UFRGS.***

---
*Agradeço particularmente a Elisabeth Debeusscher, documentalista na biblioteca da Universidade de Paris-VIII, que redigiu uma nota que utilizei muito na elaboração deste capítulo. Pode-se, também, consultar o livro de Geneviève LEFORT, *Savoir se documenter*, Ed. D'Organisation, Paris, 1990, 192 p. (*N. do A.*)
**Agradeço a Frédérique Boulanger, da Biblioteca Nacional, que me deu informações úteis sobre esse ponto. (*N. do A.*)
***(*N. da R.*)

Bibliotecas e centros de documentação

Suponho que você já conheça bem a biblioteca de sua universidade. Tente visitar todas as outras bibliotecas de sua cidade, quer sejam de outras universidades ou não.

Seus professores e as pessoas competentes nesse assunto que você escolheu poderão indicar com rapidez as principais fontes locais e departamentais.

De maneira geral, não se esqueça:

– das bibliotecas dos institutos e laboratórios de pesquisa especializados ligados às universidades;
– do centro de documentação da câmara de comércio e indústria regional, departamental e local;
– do observatório econômico regional.

Depois de ter dado uma volta por tudo que existe disponível em sua cidade, nada o impede de ir à capital ou a qualquer outra cidade onde houver documentação especializada suscetível de lhe interessar.

Catálogos, guias e inventários das bibliotecas e centros de documentação

Há, primeiro, os *catálogos gerais*, de seu país e de outros países.

Há, também, os *catálogos regionais*. Enfim, existem guias e catálogos *especializados por temas e áreas geográficas*. Se fizer sua pesquisa bibliográfica com seriedade e método, você certamente os encontrará.

Arquivos informatizados e internet

A informatização dos arquivos de bibliotecas faz-se de uma maneira que pode parecer a seu usuário, ao mesmo tempo, morosa, desigual e um pouco desordenada. Mas, doravante, ela será cada vez mais utilizada. Agradeçamos a seus criadores e pioneiros.

O melhor conselho que posso dar, nesse caso, é que cada um se dê o trabalho de interrogar bibliotecários documentalistas sobre o estado dos arquivos, dentro do campo em que vai conduzir sua pesquisa: quais são os arquivos informatizados disponíveis? O que eles cobrem exatamente como documentação e em que período? E, portanto, a quais arquivos, digitais e manuais, se deve recorrer?

Segundo a disciplina, a matéria e as áreas culturais que lhe interessam, cada um vai dispor de instrumentos cada vez mais poderosos.

Cabe a você achá-los, escolhê-los e aprender a fazer o melhor uso deles, em função do tempo de que dispõe, de suas necessidades e da eficácia do instrumento com relação a essas necessidades.

16
O trabalho sobre livros e documentos

Você conduziu bem sua pesquisa bibliográfica (capítulo 14); conhece a importância, a amplitude, a diversidade e a natureza dos materiais sobre os quais terá de trabalhar. Dois casos típicos se apresentam, havendo, entre os dois, inúmeras situações intermediárias.

Não há *quase nada* sobre o assunto que escolheu

Armado da questão principal e dos eixos de pesquisa da problemática I e do plano de trabalho (capítulos 10 e 11), retome o trabalho de documentação: procure outras "entradas" nos arquivos ou nos sistemas de busca automática; se houver um livro, um artigo ou um documento que lhe pareça essencial para sua pesquisa, mas que você ainda não consultou, faça o possível para obtê-lo e tomar conhecimento dele.*

Depois parta dos 2, 3 ou 5 trabalhos mais importantes (com relação à sua pesquisa), ampliando progressivamente seu trabalho para obras "menos importantes... mas em que poderá encontrar alguma coisa"; depois, para obras "aparentemente secundárias, mas que você consulta por desencargo de consciência...".

---

*Nada é mais contraproducente do que tomar (enfim) conhecimento de uma obra-chave no momento em que estiver empenhado no trabalho de redação, ou pior, saber da existência dele por um membro da banca no momento da defesa. (*N. do A.*)

Se há realmente pouco material disponível, converse com seu orientador e, talvez, analise com ele a possibilidade de mudar de assunto.

Há *excessiva* quantidade de obras, artigos e documentos que tratam do assunto escolhido.

Munido da "questão principal" e dos eixos de pesquisa da problemática I e do plano de trabalho (capítulos 10 e 11), você está apto para fazer a triagem. Faça-a, portanto, a partir de seu julgamento da obra, tendo-a em mãos, nunca apenas a partir do título:

*****	Essencial, deve ser lido em primeiríssimo lugar;
****	Muito importante, deve ser visto desde a primeira fase;
***	Não deve ser negligenciado, devido à importância do autor ou da escola que representa;
***(qi)	Deve ser visto em uma fase determinada do trabalho, notadamente para tal questão (qi);
**	Para ser revisto mais tarde, à luz do que já foi feito;
** (qi)	Para ser revisto mais tarde, sobre esta ou aquela questão (qi);
*	Eventualmente, se sobrar tempo;
*(qi)	Eventualmente, se não tiver encontrado mais nada sobre esta ou aquela questão (qi).

Se não fizer essa triagem, ou não a respeitar, você corre o risco de passar seu tempo sobre livros medíocres que dizem mal o que outros já disseram muito melhor; ou de "topar" muito mais tarde, às vezes tarde demais, com o livro que lhe teria feito ganhar alguns meses. Isso só dependerá de você.

Uma vez avaliada a documentação e feita a triagem, comece o trabalho de leitura e de documentação em função de seu plano de trabalho e de suas prioridades.

Não leia tudo.

Não leia de maneira automática.

Mais uma vez, tente se servir de forma inteligente de sua capacidade intelectual. Use adequadamente sua "questão principal" e os eixos definidos em sua problemática:

- alguns desenvolvimentos longos, alguns debates, secundários com relação à sua pesquisa, merecem simplesmente uma "ficha sucinta", que lhe permitirá, se necessário e no momento certo, reencontrar o artigo ou a obra estimada;
- outros desenvolvimentos, outros debates, centrais com relação à sua pesquisa, merecem, exigem, que os aprofunde; que você os leia com atenção, com lápis (ou mouse) na mão;* tome notas e escreva várias fichas.

Como saber?, perguntarão alguns. Se você é um deles, comece a se preocupar:

- ou você não é capaz de levar a termo esse trabalho de pesquisa e, portanto, deve tomar consciência disso agora e parar;
- ou seu assunto e sua questão principal não foram suficientemente bem-delimitados, precisos, definidos e, portanto, é urgente retrabalhá-los.

E, como eu já disse, cada vez que fizer uma ficha (ideia, informação, referência, citação etc.), marque sempre a fonte exata.

Se não quiser utilizar todas as vezes a referência completa: ECO, Umberto; CARRIÈRE, Jean-Claude. *Não contem com o fim do livro*. Tradução André Telles. Rio de Janeiro, Record,

---

*Se você trabalhar com livros de uma biblioteca ou de um centro de documentação, nunca escreva neles. Será melhor comprar o livro ou tirar cópias das passagens essenciais: sobre seu livro ou sobre as cópias você poderá escrever o quanto quiser. Se está trabalhando no computador, pode colocar em negrito ou colorir passagens importantes. (*N. do A.*)

2010, coloque a "referência codificada" (capítulo 12): ECO; CARRIÈRE, 2010, p. 15.

Quando encontrar um documento na internet, sempre que possível busque a fonte primária da informação, pois ela garante melhor qualidade e integridade do documento. Se utilizar trechos dele, identifique-os com a maior precisão possível, indicando o *autor* (pessoa física, instituição, organização), o *título* e a *data* em que foi redigido (e eventualmente atualizado). Anote também o site no qual o encontrou e se possível o "mecanismo" de pesquisa que utilizou para encontrá-lo e a data de acesso.

17
Do bom uso da internet

Você deve saber que a internet não é uma grande biblioteca científica em que cada texto passa por um processo minucioso de avaliação e seleção. Ela é um espaço único, plural, em constante renovação e expansão permanente; é composta pela mais vasta, mais rica e mais heterogênea miscelânea de textos e outros documentos digitais que jamais existiram fisicamente. Entre o fluxo de textos, sons e imagens, você pode encontrar os acervos das maiores bibliotecas, os textos das enciclopédias mais respeitadas, trabalhos de grandes autores clássicos, pesquisas de ponta, documentos-base sobre os assuntos mais variados. Uma gigantesca preciosidade cujo inventário ninguém jamais poderá fazer.

É possível encontrar na internet sites particularmente importantes para sua pesquisa (centros de pesquisa ou bibliotecas, periódicos on-line ou impressos, organizações internacionais, sites oficiais, institutos de pesquisa etc.). Os navegadores permitem que você estabeleça uma lista de "favoritos" e registre seus endereços (ou URL: Uniform Resource Locator). A função "adicionar aos favoritos" permite que você acesse a página com apenas um clique toda vez que precisar. Para gerenciar a lista de favoritos, que tende a ficar extensa, utilize a função "gerenciador de favoritos" e crie pastas para classificar seus sites "favoritos". Atualize constantemente essa lista, pois é inútil acumular endereços que não despertam interesse ou que não existem mais.

Você encontrará na internet materiais úteis para sua tese. Mas cabe a você procurá-los, escolhê-los e utilizá-los, sobretudo porque alguns perigos o ameaçam:

- você consegue uma informação muito útil para sua demonstração, mas não consegue determinar claramente a confiabilidade nem a fonte dos dados. Isso vai minar, ao menos em alguns casos, a credibilidade de seu trabalho;
- você utiliza frequentemente materiais de fontes secundárias que são apresentados como vindos de uma fonte incontestável. Mas você não verificou diretamente a fonte e a informação apresenta-se distorcida, truncada ou até mesmo errada. Todo o seu trabalho é afetado;
- você retoma em seu texto algumas passagens de um documento encontrado na internet que diz exatamente o que você gostaria de dizer: com a ajuda do copiar/colar, as passagens estão em seu texto sem aspas nem indicações de autoria ou fonte. Isso é plagio. Um leitor, talvez um membro de sua banca, não reconhece o seu tom autoral nesses parágrafos e com uma simples pesquisa em um site de buscas ele descobre o roubo e identifica a fonte. Você pode ser punido pelo conselho de sua pós-graduação, expulso do doutorado ou mesmo da universidade.

É preciso, portanto, desconfiar da internet mais do que dos outros meios de trabalho. Desconfie dela e de você mesmo.

Algumas regras simples

A internet é uma ferramenta extraordinária tanto pela diversidade quanto pela quantidade de informações que você pode encontrar nela. Para utilizá-la sabiamente você deve seguir imperativamente algumas regras bem simples:

1. Para sua documentação de base, tanto teórica quanto factual, prefira os sites oficiais, ligados a organizações conhecidas e de boa reputação, e, portanto, confiáveis. Exclua os sites que despertam desconfiança, de difícil identificação ou que podem sair do ar inesperadamente.
2. Antes de atribuir credibilidade a uma informação encontrada na internet, identifique seu autor e o avalie. Todos podem disponibilizar informações na internet, então cabe a você fazer um efetivo controle de qualidade. Não deixe de fazer uma pesquisa rápida: procurar o nome do autor em um site de buscas (Google, Yahoo! etc.) costuma ser o suficiente para estabelecer uma primeira opinião sobre o autor. A proliferação de blogs e outros sites pessoais permite que muitas pessoas se expressem sobre assuntos que elas dominam e, ao mesmo tempo, sobre assuntos que elas apenas têm vontade de falar. Verifique se a informação que interessa corresponde à área que o autor domina. Questione-se também quanto à pertinência e ao embasamento da informação. Sua habilidade de pesquisador o ajudará a triar as informações.
3. Os sites da internet possuem uma existência bastante diversa, às vezes muito curta: alguns não duram mais que um dia. Por outro lado, os grandes sites, mesmo os há muito tempo no ar, evoluem em função das transformações institucionais ou de uma evolução própria do site. Você precisa fornecer referências precisas. Para toda informação que você recolher, não se contente em anotar o endereço do site: anote cuidadosamente o URL completo da página, o endereço mais longo do que aquele do site, além da data de consulta. Ela será importante na hora de estabelecer as referências do documento na bibliografia. Isso pode ser útil, também, se você precisar voltar à página e não conseguir encontrá-la na internet: certas instituições possuem seu próprio arquivo eletrônico. Além disso, desde 1996 a

organização The Internet Archive (http://www.archive.org) arquiva sistematicamente todas as páginas da internet disponíveis. Para encontrar uma página, o serviço de arquivos precisa do endereço exato e algumas vezes também da data de acesso. Essa informação é necessária para páginas que são regularmente atualizadas, pois muitas versões da mesma página podem ser arquivadas.

4. Os documentos da internet devem ser pesquisados, escolhidos, registrados e referenciados com o mesmo cuidado e o mesmo rigor dos impressos ou em CD-ROM, disponibilizados em bibliotecas ou em centros de pesquisa. Cite-os de forma correta e completa (capítulo 27); se usar apenas o conteúdo dos documentos, explicite e registre-os na bibliografia, com uma estrutura análoga ao dos outros (capítulo 31).

5. Último conselho, mas deve ser considerado o mais importante: resista à tentação de fazer download, salvar e imprimir massivamente, sem realizar uma triagem. Seja seletivo. Não ocupe a memória de seu computador com documentos inúteis para a sua pesquisa. Retome a folha em que escreveu sua questão principal, releia essa questão e pergunte-se se os documentos que você vê em sua tela são necessários para respondê-la. Questione-se se esses documentos trazem um esclarecimento ou informações complementares para algum ponto de sua pesquisa. Se você não possui respostas objetivas para essas perguntas, os documentos, provavelmente, não são importantes, então passe a outros.

18
O trabalho prático

O trabalho prático pode tomar formas diferentes:

- investigação sobre uma população restrita ou por amostragem;
- estudo de caso (oficina, empresa, exploração agrícola, agência administrativa);
- estudo de um problema particular (dentro do quadro de uma zona urbana, de um bairro, de uma aldeia, de uma zona rural, de uma instituição, de uma empresa...).

Aqui não é o lugar certo para se considerar as diversas metodologias a serem utilizadas em função das diferentes disciplinas de trabalho e aproximações possíveis.

De maneira muito geral, convém enfatizar:

1. *A necessidade de ter escolhido, com todo cuidado, e de utilizar, de maneira rigorosa, seu método de trabalho.* Por exemplo, para uma investigação: elaboração de um questionário provisório, análise da população, amostragem pré-teste, seleção da amostra, aplicação, análise dos questionários, tratamento dos resultados...
2. *A importância de ter efetuado prévio reconhecimento do terreno e de se ter certificado de ser um trabalho executável.* É muito importante, nessa ocasião, assinalar os pontos de apoio possíveis ou certos, os obstáculos e as zonas de resistência etc. Portanto, é possível destacar uma estratégia de aproximação do terreno, que leve em conta a realidade e as dificuldades a serem sobrepujadas sem tirar as características de cientificidade do trabalho.

3. *A importância de um rigor muito grande na maneira pela qual os resultados são registrados, as anotações, tomadas, e as entrevistas, efetuadas e registradas.* Ainda nesse caso, a ordem, a precisão, a disciplina intelectual e o senso de organização são qualidades essenciais, indispensáveis à realização de um bom trabalho.

Evidentemente, não se deve adiar demais o trabalho de campo, pois, nesse caso, eventuais atrasos e qualquer contratempo ou demora poderiam pôr em perigo o calendário previsto para a pesquisa.

Não é preciso, entretanto, começá-lo cedo demais. É importante ter, anteriormente, bom conhecimento da questão estudada, das teses ou hipóteses presentes, das zonas já muito exploradas e das zonas de sombra. É importante, igualmente, já ter destacado sua própria linha de interpretação e suas hipóteses principais: sem isso, como estabelecer um questionário de investigação ou modelo de análise realmente úteis?

Portanto, para que o trabalho de campo seja proveitoso, é preciso que as coisas estejam maduras; e para isso é preciso escolher bem o momento: nem tarde... nem cedo demais.

No texto de sua tese você deve fornecer as informações essenciais que permitam compreender sua abordagem (formulário de pesquisa, escolha de amostragem, estatísticas, modo de tratamento de dados utilizado etc.). Se os documentos forem muito longos para serem incorporados ao texto (longos formulários de pesquisa, métodos de amostragem, de estatística ou econometria, tabelas de onde tirou seus resultados etc.), apresente-os nos anexos.

Ao fim da tese, em "Bibliografia e fontes", é preciso fazer uma apresentação sucinta de suas fontes e metodologia, mas também de empresas, serviços ou pessoas que facilitaram e permitiram a realização de seu trabalho, tanto na pesquisa de campo quanto no tratamento de resultados.

Cada vez que você utilizar o resultado do seu trabalho prático, ajude o leitor a entender de onde esse resultado vem, seja mencionando alguma fonte ou fazendo referência a algum dos anexos. Se citar algum personagem, pode nomeá-lo se ele estiver de acordo; se não estiver, respeite seu desejo de anonimato situando-o, mas sem torná-lo reconhecível.

19
Tratamento sistemático dos materiais

Com o desenvolvimento das técnicas quantitativas, com a utilização cada vez mais frequente da informática, o tratamento sistemático dos materiais tornou-se comum: análise estatística dos resultados de uma investigação, modelos econométricos, pesquisa de correlações, análise de dados, de discursos etc.

Cada método tem suas regras – que é preciso respeitar – e seus limites – que é preciso conhecer.

Porém, sobretudo, convém manter um mínimo necessário de bom senso e de senso crítico:

- evitar utilizar uma metodologia excessivamente sofisticada para responder a uma pergunta grosseira (não há necessidade de um microscópio eletrônico extremamente potente para verificar se há poeira sobre uma mesa);
- qualquer metodologia só é válida com relação à qualidade da problemática em que se insere: uma contribuição quantitativa ou analítica sistemática pode se inserir perfeitamente num trabalho de tese, mas pode também demonstrar estar fora do campo de assunto e aparecer como uma excrescência inútil e entulhadora;
- qualquer análise estatística, matemática ou analítica vale em função da qualidade dos materiais a que se aplica: materiais sujeitos à caução ou fragmentários enfraquecem, fragilizam a pesquisa se usados sem o discernimento necessário.

Antes de recorrer a um tratamento sistemático, estatístico ou econométrico, é preciso avaliar lucidamente a pertinência e o rendimento:

- *evite*, a qualquer preço, *explorações de todos os ângulos*. Antes de começar o tratamento, determine, precisamente e da maneira mais circunscrita possível, as informações que prestigiará em seu conjunto de dados: agir de maneira diferente seria se expor ao risco de se afogar em resultados pouco exploráveis;
- *explique sucintamente as hipóteses* que funcionam como base do seu programa. Aproveite a oportunidade para verificar a robustez e a coerência dele;
- *controle a adequação e a exatidão do programa* (com um grupo de dados de teste): não basta que o programa exista para que seja bom;
- *verifique seus dados*, melhor duas vezes do que uma: somente dados significativos e confiáveis podem levar a resultados consistente e exploráveis;
- identifique, de forma completa, para cada exploração realizada, o conjunto de dados tratado, o programa utilizado (e, se necessário, a versão desse programa);
- e, claro, tanto para o trabalho documental como para o de campo, indique claramente suas fontes e a metodologia tanto no texto quanto nos anexos, assim como na "Bibliografia e fontes".

Como sempre, use inteligência, bom senso, espírito crítico, controle da qualidade (dos dados e dos programas), pois eles devem presidir seu trabalho.

20
Trabalho mental e amadurecimento

À medida que o trabalho se efetua (com livros e documentos, materiais brutos, na pesquisa de campo, na máquina), as coisas amadurecem em sua mente.

Ocorrem-lhe ideias ou hipóteses, bem como pistas de pesquisa ou de interpretação; anote-as sempre, seja em um documento nomeado "Ideias a trabalhar" ou em uma ficha *ad hoc* que você organizará em uma pasta com esse nome. Mais tarde as fichas terão seu devido lugar nas diferentes pastas; date a ficha e indique de onde veio a ideia: "em seguida à discussão com...", "em seguida à leitura de...", "em seguida ao seminário X..." etc.

Da mesma forma, anote as ideias de títulos (de partes ou de capítulos); os esboços de plano; as novas formulações de ideias fortes que lhe vêm à cabeça (para a tese, uma parte ou um capítulo); anote também as questões, as objeções, os pontos a verificar – e, mais uma vez, coloque tudo em um documento que você poderá encontrar facilmente graças a seu nome ("Títulos e planos", "A verificar") e à organização que você fez.

Compreenda bem isso:

- você nunca tem em mente a formulação coerente de todo o texto de sua tese;
- as ideias ou as formulações que lhe passam pela cabeça correm o risco de fugir, só ficando as que foram escritas;

– da mesma forma que Roma, nenhuma tese é feita em um dia: as anotações que você faz, as ideias, as formulações que você põe em seu disco rígido ou sobre o papel são materiais, dos quais alguns – mas você não pode saber agora exatamente quais – lhe serão de extrema utilidade num momento ou outro da elaboração ou da redação de sua tese.

Depois vem a fase em que você já terá lido e analisado o conjunto ou o essencial do que precisa para sua tese; já fez o trabalho de campo e coletou a documentação necessária; já tem domínio do conjunto das informações disponíveis; já percorreu todo o campo que tinha para tratar; tem respostas ou elementos de respostas para as perguntas que propôs. Seu modelo de análise fortaleceu-se e os "pontos fortes" de sua demonstração já estão no lugar: você já redigiu algumas partes. Sua construção teórica, seu sistema de interpretação e de explicação tomou corpo e lhe parece sólido, mesmo se tiver múltiplos pontos a verificar ou a aprofundar e se novas questões surgiram.

Alguns são tentados a partir atrás de novas pistas e fazem delas novas teses; outros são submergidos pela amplidão da documentação ou desencorajados pelo caráter contraditório, incompatível com as explicações presentes ou com os elementos reunidos; outros, ainda, procuram vasculhar mais, verificar pontos secundários ou sem importância – perfeccionismo ou fuga da sequência. Alguns ficam seguros de seus feitos e contentes consigo mesmos, mas raramente são esses os que fazem as melhores teses.

Nada mais o impede: chegou o momento de se empenhar na primeira redação geral. Mas para fazê-lo de maneira proveitosa ainda será preciso preparar e adotar o plano de redação: a estrutura da demonstração que vai embasar o conteúdo da tese.

21
Problemática II
e plano de redação

Muitos, nesse ponto, terão de investir em si mesmos. Certamente, nessa fase, muitas vezes é necessário operar uma mutação: você estava empenhado num processo de *pesquisa*, agora irá se empenhar na *exposição* dos resultados de sua pesquisa.

No decorrer do trabalho, sua problemática estruturou-se, fortaleceu-se e refinou-se: portanto, você está apto a produzir uma nova versão de sua problemática: a *problemática II*, que comporta:

- questão principal (como a problemática I);
- ideia diretriz (que na maioria dos casos não figurava na problemática I), que vai ser o fio condutor de sua redação;
- desenvolvimento dessa ideia diretriz: esboço da demonstração que estruturará sua tese e constituirá sua armadura intelectual e trará sua resposta à questão principal;
- um (projeto) plano de redação.

Em seu conjunto, na maioria das vezes, a problemática I, mediante amadurecimentos, acaba por gerar a problemática II. A principal dificuldade – que, aliás, é bem grande – reside na passagem do plano de trabalho (ou plano de pesquisa) para o plano de redação, pois, na maioria das vezes, são dois planos diferentes que obedecem a duas lógicas distintas.

O plano de trabalho permitiu, em função de sua problemática inicial, de suas hipóteses, do procedimento adotado, organizar as diferentes etapas de seu trabalho de investigação (capítulo 10).

O plano de redação deve estruturar as diferentes etapas da exposição de sua tese; ele deve fundamentar o raciocínio que irá costurar o conjunto do texto que você irá redigir. Pois *sua tese deve*, tanto quanto possível, *ser a demonstração construída da ideia diretriz que foi destacada em resposta à questão principal elaborada a partir de seu assunto*.

Alguns, entretanto, estão de tal modo absortos em seu plano de trabalho que não conseguem ver outro tratamento possível de seu assunto senão aquele que adotaram no início, bem no início mesmo, de seu trabalho. Ora, é bem raro que o plano de pesquisa, o de investigação, se torne um bom plano de redação, de exposição.

Façamos um paralelo.

Um autor de romance policial, em fase preparatória – que corresponde, na tese, à fase de investigação –, vai situar a trama, criar a intriga, imaginar o personagem principal, conceber as pistas falsas, os elementos de suspense. Isso corresponde, *grosso modo*, ao que você já fez, em sua tese, no período de pesquisa.

Mas publicar, sob essa forma, os elementos do romance não o torna um romance policial. Do mesmo modo, publicar, sob a forma atual, os elementos de sua pesquisa, não os tornará uma tese, mas sim, no melhor dos casos, um relatório.

O autor de romance policial deve retomar o conjunto, situá-lo, colocá-lo em cena dentro de uma narrativa bem-construída que, ao mesmo tempo, desperte interesse, retenha a atenção e favoreça os sobressaltos, fazendo progredir a informação e a compreensão do leitor. Do mesmo modo, você terá de conceber um procedimento de redação que lhe permita captar o interesse de seu leitor (assunto, questão principal), proporcionar-lhe um guia, um eixo de interpretação (ideia diretriz) que o texto da tese permitirá, por etapas, fazer sobressair, colocar em relevo, pôr à mostra e, finalmente, demonstrar de maneira tão convincente quanto possível (ideias motrizes das diferentes partes e dos diferentes capítulos que colocarão em evidência introdução e conclusão).

De qualquer maneira, antes de se empenhar no trabalho de redação, cada um deve – para seu próprio controle, assim como para obter o sinal verde de seu orientador – redigir a *problemática II* que, repetimos, deve compreender:

- A *questão principal* (muitas vezes mais bem-formulada, mais completa, mais sólida, mais clara do que no início);
- A *ideia diretriz* (que deve responder a essa questão e vai subentender o conjunto do movimento da tese);
- O *esboço do raciocínio* (por meio do qual será desenvolvida, estabelecida, demonstrada essa ideia diretriz e que vai justificar a escolha e a sucessão das partes, cada uma devendo ser levada por uma ideia motriz – o conjunto permitindo construir, sustentar e formular a resposta à "questão principal");
- O *plano de redação* (com uma primeira colocação das partes e dos capítulos, na maioria das vezes com títulos provisórios, indicativos, que poderão ser melhorados à medida que a redação avançar).

Essa *problemática II* deve ser submetida ao orientador e aos outros leitores. Suas críticas, observações, sugestões devem permitir melhorá-la e obter o "sinal verde" do orientador para a primeira redação de conjunto.

Trabalhar com clareza a ideia diretriz permite responder a questão principal. Essa é uma condição prévia para a construção do plano de redação.

O plano vai estruturar o movimento do pensamento, o raciocínio do qual sua tese será o suporte: uma demonstração que alimentará os debates, as análises e os materiais com os quais você trabalhou ao longo da pesquisa e que trarão uma resposta concreta, articulada e com fortes argumentos à sua questão principal.

As partes e os capítulos são momentos fundamentais no processo do pensamento – o ideal é que cada parte (e também cada capítulo) seja sustentado por "sua" questão principal e estruturado em torno de "sua" ideia diretriz. Assim como a sucessão de etapas de uma caminhada faz um longo percurso, o encadeamento de movimentos do pensamento dos capítulos faz o movimento do pensamento de uma parte e o encadeamento dos movimentos do pensamento das partes faz o da tese.

22
Elaboração do plano de redação (dois exemplos)

Insistamos, já que a experiência mostrou ser necessário.

Nenhum marceneiro se lança na construção de uma estante ou de um arranjo interior sem ter – na cabeça ou sobre o papel – o plano daquilo que quer fazer.

Nenhum arquiteto empreende um trabalho de construção de uma casa sem ter os planos detalhados, coerentes, com medidas precisas.

Nenhum estudante deveria começar a redação de uma tese sem ter construído o plano da redação, sem tê-lo submetido a seu orientador.

Esse plano, como dissemos, deve estruturar a demonstração que abarca a tese: demonstração da ideia motriz destacada em resposta à questão principal. Corramos o risco de propor dois exemplos.

Exemplo 1

Assunto: "A posição da Zanúbia no sistema econômico mundial."

Elementos da problemática I (capítulo 11)

- Questão principal: "Levando-se em conta a via de modernização escolhida, a Zanúbia não se encontra atualmente em situação de especialização dependente?"

- Plano de trabalho: trata-se de analisar o processo de modernização e de especialização dependente.

1. Na agricultura;
2. Na indústria;
3. No setor terciário;
4. O papel dos atores;
5. As dimensões sociais e ambientais.

Muitos estudantes seriam tentados a retomar esse plano de trabalho como plano de redação, com 3, 4 ou 5 partes, na medida em que cada uma permite analisar melhor a "especialização dependente" da Zanúbia.

De fato, a passagem ao plano de redação, sobre a base da ideia principal, deve permitir uma verdadeira dinamização do texto: um movimento de pensamento.

Proposições para a problemática II

- Questão principal: "A dupla escolha da modernização acelerada e da especialização para a exportação não encerrou a Zanúbia num processo de dependência durável?"
- Ideia diretriz: "A independência resulta não apenas da escolha da especialização para a exportação, mas também dos efeitos e das consequências indiretas dessa escolha: daí uma situação de dependência da qual é extremamente difícil sair hoje em dia."
- Plano de redação:*

---

*Neste exemplo a numeração dos capítulos é contínua para o conjunto da tese; pode-se, no entanto, retomar a numeração ao começo de cada parte (ver exemplo 2). (*N. do A.*)

INTRODUÇÃO GERAL

1ª PARTE: o fracasso e a necessidade de retomar a análise

    Introdução
    Cap. 1 – Do projeto de desenvolvimento autocentrado aos bloqueios atuais
    Cap. 2 – Diagnósticos incompletos, superficiais ou distorcidos
    Cap. 3 – Convergências sobre a constatação de dependência externa
    Conclusão

2ª PARTE: uma tripla especialização em posição dependente

    Introdução
    Cap. 4 – Especializações agrícolas para a exportação
    Cap. 5 – Empresas industriais de subcontratação
    Cap. 6 – A opção para o turismo internacional
    Conclusão

3ª PARTE: novas formas de dependência

    Introdução
    Cap. 7 – O problema de dependência alimentar
    Cap. 8 – A necessidade da emigração
    Cap. 9 – A engrenagem do endividamento externo
    Cap. 10 – Um atraso tecnológico que se aprofunda
    Conclusão

CONCLUSÃO GERAL: os caminhos difíceis para reconquistar a autonomia

Evidentemente, esse plano está muito longe de ser perfeito; deve ser submetido ao orientador e a outros leitores e se possível apresentado em um seminário para ser melhorado;

também poderá ser modificado e melhorado no decorrer da redação. Os títulos das partes e dos capítulos são provisórios.

Exemplo 2

Assunto: "A política econômica do governo populista de Wahalie (1998-2001)."

Elementos da problemática I

- Questão principal: "Não houve, na política econômica empregada pelo governo populista wahaliano, mudança de uma política de esquerda (justiça social, luta contra o desemprego, medidas anticapitalistas) para uma política dominada pelos temas da direita (abertura para o exterior e competitividade, modernização, elogio da empresa)?"
- Plano de trabalho:

1. A primeira política "popular-socialista" (junho-dezembro de 1998)
   - a tentativa de retomada keynesiana e social
   - as nacionalizações
   - a luta contra o desemprego
2. 1999-2000: mudança ou continuidade?
   - a política de austeridade da primavera de 1999
   - a política de austeridade da primavera de 2000
   - a busca de uma política "liberal-social"
3. Uma nova política econômica "popular-liberal"?
   - a prioridade da modernização
   - abertura para o exterior e competitividade
   - o apoio às empresas.

Ainda nesse caso, muitos estudantes poderiam ser tentados a conservar esse "plano de trabalho" como "plano de redação".

Ele permitiria expor, dentro de uma ordem quase cronológica, o essencial do conteúdo, com a ideia de que teria havido uma mudança de política econômica; não permite, entretanto, ir a fundo para explicar essa mudança.

Proposições para a problemática II

- Questão principal: "Em que medida a política econômica empregada pelo governo populista wahaliano entre 1998 e 2001 foi uma política de esquerda?"
- Ideia diretriz: "A política econômica empregada pelo governo populista de Wahalie traduz, inegavelmente, fidelidade a algumas escolhas da esquerda; mas ela teve, por causa da ausência de margem de manobra estrutural, de retomar, por sua conta, objetivos que a esquerda na oposição tinha subestimado ou criticado."
- Plano de redação:*

INTRODUÇÃO GERAL

Capítulo preliminar: gama de análises e julgamentos de forte tendência política.

1ª PARTE: a inegável fidelidade aos objetivos da esquerda

>Introdução
>Cap. 1 – A manutenção da escolha pela justiça social
>Cap. 2 – O inegável esforço de luta contra o desemprego
>Cap. 3 – A amplidão das renacionalizações em 1998
>Cap. 4 – Os novos direitos dos trabalhadores
>Conclusão

---

*Neste exemplo a numeração dos capítulos começa em 1 a cada parte; mas pode-se adotar uma numeração contínua dos capítulos para toda a tese (ver exemplo 1). (*N. do A.*)

2ª PARTE: a mudança das prioridades

>Introdução
>Cap. 1 – Do rigor à austeridade: as três primaveras (1999, 2000, 2001)
>Cap. 2 – Abertura para o exterior e competitividade
>Cap. 3 – Prioridade dada à modernização: apoio às empresas e ambiguidade das nacionalizações
>Conclusão

3ª PARTE: o peso das coações estruturais

>Introdução
>Cap. 1 – A coação externa e o fracasso da tentativa de retomada da primavera de 1998
>Cap. 2 – A ausência de margem de manobra social
>Cap. 3 – A "compressão" fundamental: capitalismo e estatismo
>Conclusão

CONCLUSÃO GERAL

Esse plano, evidentemente, está bem longe de ser perfeito; lembre-se de que deve ser submetido ao orientador, a outros leitores e apresentado em um seminário para ser melhorado; também poderá ser modificado e aperfeiçoado no decorrer da redação.

Os títulos das partes e dos capítulos são provisórios. Deverão ser aprimorados ao longo da redação.

Não se trata, aqui, de propor "correções".
Trata-se, simplesmente, de ilustrar um procedimento.
O essencial reside em duas proposições:

1. *Na maioria das vezes, um bom plano de trabalho* (de pesquisa) *não produz um bom plano de redação* (de exposição). É

preciso esforço (às vezes violento) para se afastar do primeiro e conceber o segundo.
2. *Um bom plano de redação é aquele pelo qual a ideia diretriz* (que responde à questão principal) *vai poder desenvolver-se ao longo das diferentes etapas* de um movimento de pensamento, *de uma demonstração,* que se expande com as ideias motrizes das diferentes partes e dos capítulos.

23
Do bom uso do orientador e dos outros

Que ninguém se confunda: assim como para os medicamentos, há o bom uso do orientador. Mais amplamente, há o bom uso a ser feito das reações dos diferentes leitores.

Partamos de uma lembrança: o encontro de um estudante em elaboração de tese, abatido, desmoralizado.

Ele estava em fase de redação de sua tese: uma tese na qual trabalhava há vários anos. Apresentara, um ano antes, uma primeira versão a seu orientador, que tinha criticado, sugerido, questionado, proposto... Ele passara um ano recompondo e reescrevendo o conjunto em função das observações e sugestões que havia recebido. E seu orientador, que ele acabara de encontrar, não ficara satisfeito: fizera novas críticas – o que se concebe; mas, e era aí que o interessado mais estranhava, seu orientador o censurara por ter feito apenas as modificações que ele mesmo havia sugerido um ano antes. Ele lhe propunha melhorias que o autor tinha a sensação de que constituíam retornos à versão anterior.

Algumas observações sobre esse caso:

1. O essencial desses mal-entendidos poderia ser evitado, sem dúvida, se esse estudante tivesse redigido a "problemática II", com o plano de redação, e a tivesse submetido a seu orientador *antes* de começar a redigir;

2. Na fase da redação, não é suficiente ver o orientador apenas uma vez por ano: é cada capítulo ou cada parte que lhe deve ser submetido, acompanhado do plano geral da tese (para lhe permitir lembrar-se "onde é que se está");
3. Não é preciso seguir sempre ao pé da letra as críticas e sugestões do orientador (ou dos outros leitores): é preciso reapropriá-las, integrá-las em seu próprio procedimento.

Acontece, com efeito, com os estudantes que defendem tese, o mesmo com os generais em caso de vitória: não faltam artesãos da vitória (um excelente orientador de pesquisa, o apoio de uma equipe de pesquisa dinâmica, um assunto "de ouro"); em caso de fracasso, só há um responsável: o autor.

E o autor deve, evidentemente, levar em conta as críticas, os conselhos e as sugestões de seu orientador, mas reapropriando-os com inteligência:

- certas críticas e sugestões resultam do excelente conhecimento que o orientador tem da área escolhida: é conveniente levar em conta 100% delas;
- mas outras críticas ou sugestões traduzem simplesmente um mal-estar do leitor, uma dificuldade, uma reação quanto à leitura: não devem ser tomadas ao pé da letra, mas sim consideradas sintoma de que alguma coisa não funciona; talvez simplesmente o que foi assinalado; mas talvez seja mais complicado; talvez haja, por trás do problema apontado, outro problema.

De qualquer maneira, desde que haja alguma dificuldade, seja ela qual for, é o autor, e só ele, quem deve procurar encontrar a solução: *o autor é o único responsável por sua tese*; deve saber seguir certos conselhos e levar em conta certas críticas; mas deve, também, saber resistir e se sustentar, pois só ele tem a visão do conjunto; e só ele assumirá a responsabilidade final.

O que se diria de um arquiteto que, por causa das reflexões e observações do mestre de obra e de seus conselheiros, improvisasse uma abertura suplementar, modificasse o nível de uma peça, deslocasse uma parede, recuasse um muro, invertesse uma escada, mudasse a planta da cozinha ou do banheiro, sem manter a coerência do conjunto? Acontece o mesmo com a tese: *procedidas sem a preocupação de conservar o "movimento de pensamento", a coerência da demonstração, dez melhorias podem conduzir ao pior.*

Assim, o autor de uma tese deve fazer bom uso de seu orientador (e de seus leitores).

Em primeiro lugar, deve, imperativamente, submeter-lhe certos textos decisivos:

- problemática provisória e projeto do assunto;
- problemática I e plano de trabalho;
- certos textos importantes, ainda que provisórios;
- problemática II e plano de redação;
- capítulos ou partes no decorrer da redação.

Alguns orientadores não gostam de receber documentos impressos muito extensos; outros preferem não receber por e-mail documentos anexados que sejam grandes, pois podem dificultar a leitura na tela e são complicados e fastidiosos para imprimir. O mais educado, portanto o melhor, é que você pergunte ao orientador de que maneira ele prefere receber seus textos.

Em seguida, deve evitar importuná-lo com detalhes ou questões secundárias. Deve, é claro – salvo absoluta impossibilidade –, seguir seus cursos e seminários, que são as melhores ocasiões para se beneficiar de conselhos dispensados coletivamente.

Enfim, deve saber fazer uma triagem das observações e sugestões: aquelas que devem ser seguidas sem hesitação e aquelas que são o sintoma de outro problema; nesse caso, melhor do que seguir, "apesar de tudo", a sugestão é, evidentemente, atacar o problema que está por trás... Pois seus atuais leitores são como os futuros: eles leem sua tese passagem após passagem sem necessariamente ter em mente o movimento do conjunto. E se assinalam alguma dificuldade em um ponto é porque há algo que "emperra" o entendimento. O problema pertence a você, que deve encontrar o que não funciona e remediá-lo de acordo com a passagem e com o conjunto do desenvolvimento do texto.

24
Preparação dos materiais para a redação

Você acumulou 2 ou 3 anos de pesquisa sobre seu assunto, reuniu documentação importante, tanto em papel como no formato digital, bem como a ideia principal que quer demonstrar; portanto, já pode redigir a "problemática II" e construir o plano de redação.

Obtido o sinal verde de seu orientador, só falta redigir. Não é difícil, mas é um trabalho que exige *método*:

- é preciso ter tempo (ninguém redigiu uma tese em alguns dias ou em algumas semanas); à razão de três a cinco páginas por dia, fazendo apenas isso, não tropeçando em nenhum obstáculo e não sofrendo nenhuma interrupção, é necessário uma centena de dias: digamos, por volta de 4 meses;
- é preciso ter organização (uma tese não é nem uma coletânea de poemas, nem um panfleto) – a improvisação, a inspiração ou a convicção não bastam; a exposição deve ser ordenada; a matéria, bem-classificada; as referências, precisas; os raciocínios, bem-encadeados; e os argumentos, utilizados da melhor maneira possível e no lugar certo.

Certamente, existem vários métodos e, provavelmente, cada um inventa o seu. Para aqueles que estão desamparados diante da amplidão da documentação e da dificuldade da redação, eis um método já aprovado que permitirá redigir as 300 ou 400 páginas da tese a todos aqueles que:

- têm um bom plano de redação;
- reuniram os materiais necessários;
- sabem redigir três páginas coerentes.

Primeiro, será preciso passar alguns dias, talvez 8 ou 15, *reclassificando toda a documentação em função de seu plano de redação.*

Concretamente para sua documentação, em papel ou digital, abra tantas pastas quantos forem os capítulos.

Deve abrir também pastas para a introdução geral e para a conclusão geral, e uma pasta "não classificada" para o que não entrar em nenhum capítulo previsto. Começará, então, calma, tranquila e pacientemente, a retomar, ficha por ficha, folha por folha, o conjunto da documentação, colocando cada uma na pasta do capítulo correspondente.

Pode acontecer que uma mesma ficha diga respeito a dois capítulos diferentes.

Você pode utilizar a duplicação (fotocópia ou copiar/colar). O risco é que isso o leve a fazer repetições, ou até mesmo a citar duas vezes um mesmo texto, pois o processo de redação se estende por meses e você não terá sempre claro em sua mente tudo o que já escreveu anteriormente. Pode-se limitar esse risco ao escrever em cada exemplar que o mesmo documento foi colocado em arquivos de dois capítulos (2 e 10, por exemplo). Mas o menos arriscado é guardar apenas um exemplar, anotando que ele pode servir tanto para o capítulo 2 quanto para o 10. Quando escrever o capítulo 2, você pode marcar as passagens que utilizou, citou etc. Em seguida, poderá passar o documento para a pasta do capítulo 10 sem o risco de se repetir. Ao fazer essa classificação, novas ideias, novas formulações e possibilidades de títulos surgem à mente. Você deve escrevê-los em um documento e colocá-lo na pasta correta.

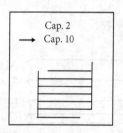

Esse trabalho é muito cansativo, mas indispensável: é o trabalho do "artesão intelectual".

Da mesma maneira, um marceneiro, antes de começar uma montagem, arruma e classifica suas prateleiras; e um ladrilheiro organiza seus ladrilhos, antes de colocá-los.

Tome o tempo que for necessário. E se o cansaço vencê-lo, faça uma pausa para tomar um pouco de ar...

Realize esse trabalho tanto para sua documentação em papel quanto para a digital.

Um duplo teste

Uma vez arrumada a documentação, vários casos se apresentam:

1.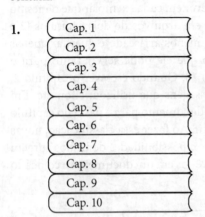

As pastas foram preenchidas de maneira bastante equilibrada. E a pasta "não classificada" não comporta nada importante.
É um bom sinal.
Você poderá começar a redação do capítulo 1 (capítulo 25).

2.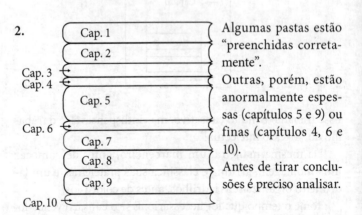

Algumas pastas estão "preenchidas corretamente".
Outras, porém, estão anormalmente espessas (capítulos 5 e 9) ou finas (capítulos 4, 6 e 10).
Antes de tirar conclusões é preciso analisar.

Quanto às pastas espessas demais, toda a documentação que elas contêm é verdadeiramente importante? Se não for nada grave, uma triagem antes da redação do capítulo resolverá. Caso contrário, há problema: o capítulo precisa ser desdobrado? Uma parte do que está sendo tratado nele poderia ser colocado em outra sequência do raciocínio? Será preciso refazer o plano?

Para as pastas finas demais há três possibilidades principais:

- esse capítulo poderá ser alimentado pelo conteúdo que está sobrando em uma pasta espessa demais: portanto, nada de grave;
- os materiais para tratar esse capítulo são insuficientes: será preciso prever, portanto, um trabalho suplementar de pesquisa e de documentação para esse capítulo;
- o capítulo em questão é uma "concha vazia"; de fato, você não tem nada de muito importante a dizer; certamente, isso "iria bem", isso "se enquadraria bem" no plano; mas, apesar de retomar suas leituras e refletir, a busca foi inútil, você não foi capaz de encontrar com o que alimentar esse capítulo. Portanto, deve suprimi-lo.

Essa situação de "concha vazia" ocorre, muitas vezes, com relação ao último capítulo: o que se previa colocar aí – e que teria dado um capítulo insuficiente, pequeno demais – poderá, nesse caso, alimentar, de maneira útil, a conclusão geral.

3. NÃO CLASSIFICADA

Você encontra uma pasta grossa ou muito grossa "não classificada".

Ainda aí existem várias possibilidades:

- você é ansioso por natureza e fez anotações excessivas sobre questões secundárias e sem interesse para a tese; ou cedeu

à facilidade de reunir muita documentação com abundante informação, mas sem grande utilidade para sua tese; ou, então, acreditou, em determinado momento, que deveria abordar esta ou aquela questão e, afinal, isso não entrou em seu plano de redação. Em todos esses casos, nada grave; deixe essa pasta em um canto; ela poderá ser útil algum dia;
- há dentro dessa pasta notas e material que concernem ao assunto de sua tese, que lhe parecem importantes, mas que você não consegue encaixar em seu atual plano de redação. Pare, então, algum tempo e reflita; procure descobrir como esse(s) ponto(s) poderia(m) ser integrado(s) ao encadeamento de seu raciocínio. Não force seu plano para integrá-lo(s). Mas procure enriquecê-lo, reforçá-lo, ampliá-lo mediante esta ou aquela demonstração;
- há, dentro da pasta, uma mistura de coisas sem importância e de materiais que devem encontrar lugar em sua tese. Use algum tempo fazendo nova triagem nessa pasta, pondo à parte o que lhe parece, de qualquer maneira, inútil para sua tese, e tente reclassificar, neste ou naquele capítulo, neste ou naquele estágio da demonstração, os materiais que lhe parecem mais importantes.

Dessa maneira o trabalho de preparação dos materiais para a redação constitui um teste duplo:

- permite testar a documentação que foi reunida à luz de seu plano de redação e manifestar os maiores "buracos" que podem subsistir em sua documentação;
- permite testar seu plano de redação à luz da documentação reunida por você, assinalar os capítulos "sobrecarregados" ou aqueles que correm o risco de permanecer vazios.

Se (após ter redigido a problemática II e recebido a concordância de seu orientador) você passou favoravelmente por esse duplo teste, pode, então, passar tranquilamente à redação.

Quanto mais os materiais ficarem prontos, mais a tese estará pronta para ser redigida; portanto, vale realmente a pena gastar de 8 a 15 dias reclassificando o conjunto de seus materiais em função do plano de redação.

25
O trabalho de redação

A redação de toda tese, de todo estudo científico, implica ultrapassar duas contradições.

A primeira é que se deve, em discurso linear e unidimensional, dar conta de uma realidade múltipla, complexa, atuando em vários níveis: daí a importância de um plano de redação bem construído e que permita, mediante um discurso linear, dar conta de uma realidade em toda a sua espessura.

A segunda é que é difícil escrever regularmente mais de 5 ou 6 páginas por dia e que é desejável que o conjunto da tese seja coerente e dê a impressão de "fluir da fonte": daí a importância da ideia diretriz e do raciocínio que deve conduzir o conjunto da tese.

Para ajudar a ultrapassar uma e outra, há um pequeno truque: pegue uma cartolina grande e coloque em posição bem visível sobre sua escrivaninha ou mesa de trabalho, após ter escrito, abaixo do assunto, a ideia diretriz e um esboço de plano, a fim de manter sempre presente o raciocínio central (ver exemplo a seguir).

Exemplo:

UM PEQUENO TRUQUE PARA A REDAÇÃO

**A política econômica
do governo populista de Wahalie (1998-2001)**

Em que medida ela foi uma política de esquerda?

I. A inegável fidelidade aos objetivos da esquerda
—
—
—

II. A mudança das prioridades
—
—
—

III. O peso das coações estruturais
—
—
—

Com cartolina ou não, o essencial reside no seguinte: ao longo de sua redação você terá decisões a tomar: é preciso ou não tratar dessa questão? É preciso ou não desenvolver esse ponto? Ao longo de sua redação você deve evitar desvios, digressões; será levado a desenvolver um assunto interessante em si mesmo, mas secundário em relação à tese. E, a cada avaliação, deverá apegar-se imperativamente à sua *ideia diretriz*, ao movimento de pensamento, ao raciocínio que escolheu desenvolver.

Aí, e somente aí, está a chave das respostas às questões com que você vai lidar:

- esse desenvolvimento nada acrescenta a meu raciocínio, vou deixá-lo de lado;
- esse ponto é importante para minha demonstração, vou desenvolvê-lo;
- esse relatório, esse debate, é marginal à minha ideia diretriz, vou apenas evocá-lo (mesmo se reuni muito material);
- esse argumento é essencial, mas não tenho elementos suficientes para desenvolvê-lo: é preciso que eu o retome.

A *ideia diretriz* deve ajudá-lo a manter o rumo (dia após dia, semana após semana) e a fazer a triagem (todo dia) no assunto que estiver redigindo.

Concretamente, como organizar a redação?

Cada um tem seu método, suas maneiras, suas facilidades e seus bloqueios. O essencial consiste em decompor a tarefa sem perder seu fio condutor. Ora, repetimos, ninguém consegue "escrever" a tese inteira na cabeça.

Então, o mais simples é fazer capítulo por capítulo.

Comecemos, então – por que não? –, pelo capítulo 1.

A elaboração do plano de cada capítulo

Tomemos a pasta do capítulo 1 e só nos permitamos pensar em duas coisas:

- no conteúdo do capítulo 1;
- em sua posição no raciocínio central.

E em função desses dois elementos, em função do material reunido (é bom ter-se impregnado bem do conjunto de dados), convém, pouco a pouco:

1. destacar a ideia diretriz do capítulo;
2. situar o raciocínio do capítulo;
3. construir pouco a pouco o plano do capítulo.

Por exemplo, para a tese sobre a política econômica do governo populista wahaliano, o capítulo 1 foi consagrado à "manutenção da escolha pela justiça social":

1. Ideia diretriz: essa política ancorou-se continuamente na esquerda mediante medidas visando reforçar ou salvaguardar a justiça social;
2. Raciocínio: além da importante marcha de medidas sociais tomadas em maio-junho de 1998, essa atitude foi mantida por meio das medidas em favor das categorias mais desfavorecidas do que pela política fiscal e parafiscal;
3. Plano de redação do capítulo:
   – Introdução
   – *Seção 1 – O conjunto de medidas de maio-junho de 1998*
   § 1 – A elevação dos salários baixos e das aposentadorias
   § 2 – A revalorização das prestações de serviços sociais
   – *Seção 2 – O apoio às categorias desfavorecidas*
   § 1 – Salário mínimo, baixos rendimentos da função pública, aposentadorias
   § 2 – Melhoria da situação das famílias populares
   – *Seção 3 – A política fiscal e parafiscal*
   § 1 – O peso das antecipações sobre os altos e médios rendimentos
   § 2 – A instituição do imposto sobre as grandes fortunas
   – Conclusão

Esse plano, é claro, deve ser revisto, corrigido, aperfeiçoado, e ao chegar ao "plano de redação do capítulo" que lhe convenha, você poderá "preparar os materiais para a redação do capítulo 1".

A reclassificação do material de cada capítulo

Concretamente, a partir da pasta do capítulo 1:

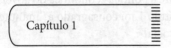

Abra tantas subpastas quantos forem os parágrafos (§), deixando, é claro, uma subpasta "não classificada".

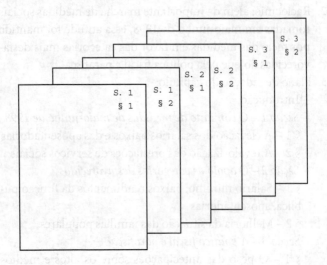

E comece, nesse capítulo 1, agindo como fez para o conjunto da tese (capítulo 24).

Classifique seus materiais do capítulo dentro das subpastas dos diferentes parágrafos. E proceda ao duplo teste:

- de sua documentação do capítulo à luz do plano de redação;
- e do plano de redação à luz da documentação reunida.

A redação dos parágrafos

Pegue, então, a subpasta do § 1, da seção 1, do capítulo 1 e esqueça todo o restante. Mergulhe nos documentos e fichas dessa subpasta; deixe-se impregnar pelo assunto: "O aumento dos salários baixos operado em maio-junho de 1998." Examine-o sob todos os ângulos; aprecie sua importância, sua significação; examine os diferentes comentários que foram feitos. Deixe seu conteúdo integral amadurecer lentamente dentro de sua cabeça até o momento em que você tenha destacado dele:

- a ideia diretriz;
- o raciocínio;
- o plano de redação do parágrafo.

No momento em que isso estiver claro, retorne à subpasta "Cap. 1, S. 1, § 1" e reclassifique a documentação em função do plano de redação. Verifique se tudo se entrosa bem: a documentação com relação ao plano de redação e o inverso.

Se isso ocorrer, comece a redigir, de preferência de uma só vez, em 1 dia ou 2, esse primeiro parágrafo de sua tese.

Mas, atenção: mantenha as proporções. Se sua tese tiver 10 capítulos, e cada capítulo uma média de 6 parágrafos, isso somará 60 parágrafos: ou seja, cerca de 5 páginas por parágrafo (digamos: entre 3 ou 4 e 6 ou 7 páginas). Evite, portanto, fazê-lo curto demais (1 ou 2 páginas) ou estender-se em demasia (15 ou 20 páginas).

Quando tiver terminado a redação do primeiro parágrafo, mantenha, dentro da subpasta, todos os documentos e fichas utilizados, escrevendo sobre ela "utilizada".

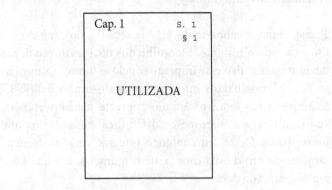

Quanto aos documentos e fichas não utilizados, verifique se poderão ser úteis em algum parágrafo ou capítulo posterior e, se puderem, reclassifique-os. Coloque os outros em uma pasta "não utilizado".

Isso feito, ocupe-se do § 2, da seção 1, do capítulo 1.

Como você vê, com uma ideia diretriz, um bom plano de redação, uma boa documentação, senso de organização – e se souber redigir 5 páginas coerentes –, poderá, com perseverança, chegar ao final da redação de sua tese.

Duas observações para terminar este capítulo.

Primeiro, o procedimento proposto distingue nitidamente a sequência da pesquisa daquela de redação:

É, a meu ver, o método mais seguro – para o estudante, assim como para o orientador.

Entretanto, em certos casos, pode haver certa flexibilidade: por exemplo, se o estudante dominar bem a matéria da primeira parte, pode, com a autorização do orientador, começar a redação de elementos da primeira parte seguindo pesquisas feitas para pontos de uma outra parte.

Podem-se imaginar outras combinações: a mais simples e mais lógica é, com certeza, a melhor.

Por outro lado, em vez de redigir de uma só vez, procurando integrar tanto quanto possível o material disponível, alguns preferem proceder por meio de "colocações" progressivas e sucessivas do texto. Nesse caso, cada um deve levar em conta suas preferências e capacidades.

De qualquer forma, nunca perca contato com seu orientador e submeta-lhe – capítulo por capítulo ou parte por parte – seu texto redigido.

26
Alguns conselhos muito práticos para a redação

O mais simples é partir daquilo que queremos alcançar. Seu orientador certamente lhe indicou uma tese muito bem-apresentada, ou você encontrou uma (ou várias) nas prateleiras de seu centro de pesquisa.

Uma tese bem-apresentada, é, antes de tudo, um texto bem-escrito, claro, sem erros de digitação, de ortografia, de sintaxe ou de gramática. Seu programa de tratamento e edição de texto, sem dúvida oferece um corretor de ortografia. Se você o utilizar, não esqueça que será o único responsável em caso de erro. Caso não sinta confiança em suas habilidades textuais, tenha sempre à mão um bom dicionário, uma gramática básica e um livro de conjugação dos verbos irregulares, ao menos. E, depois, consiga alguém capacitado nesses campos linguísticos para ler seu texto.

Uma tese bem-apresentada é também um texto bem-formatado, de apresentação clara e arejada. Isso depende de você, de seu método, de seu rigor, da capacidade de dominar o computador e aproveitar o que ele tem de melhor a lhe oferecer. O que implica encarar algumas tarefas:

- Se você não leva muito jeito para digitar no teclado, faça uma formatação rápida: ela fará com que você ganhe tempo e é algo a ser utilizado em toda a sua vida profissional;

- Se você não conhece muito bem o computador e os programas que vai utilizar, dedique algum tempo para aprender sobre eles e dominar bem o computador, conhecendo todas as suas possibilidades, limites e riscos ligados à sua utilização;
- Se você for habilidoso, escolha um ambiente que lhe garanta o máximo de segurança e não fique tentado por algum programa novo que promete milagres e pode acabar lhe dando prejuízo;
- Se seu equipamento é potente, sofisticado e possui recursos inesgotáveis, não se distraia: continue focado em seu objetivo – a redação de sua tese;
- Se o equipamento que você utiliza é insuficiente, em capacidade ou confiabilidade, não assuma o risco de começar a sua redação de tese nele;
- Desconfie de tudo: das panes elétricas, *bugs*, vírus, falsas manobras, ladrões, incêndios e acidentes. Então, preserve e salve seus arquivos sempre.

A visão do conjunto

Sua tese é, antes de tudo, um *texto*: você deve escolher o tipo e o tamanho da fonte e a formatação da página (margens superior, inferior e laterais, as entradas de parágrafo, a importância da entrelinha).*

O texto é completado pelas *notas*, que aconselho que permaneçam na parte inferior da página, junto à numeração página a página.

O texto é ritmado pelos *títulos*:

---

*A Associação Brasileira de Normas Técnicas (ABNT) criou em 2001 a NBR 14724 com os princípios gerais para elaboração de trabalhos acadêmicos. Essa norma foi baseada na ISO 7144: 1986; já foi atualizada nos anos de 2002, 2005 e 2011. (*N. da R.*)

- de partes;
- de capítulos;
- de seções;
- de subseções.

Os títulos possuem um papel muito importante na apresentação de seu trabalho, eles guiam e acompanham a leitura de sua tese. Além disso, se são escolhidos de acordo com o padrão de seu editor de texto, permitem que você utilize a "estrutura em tópicos" ao longo de sua redação e, ao final, estabelecer o "sumário" automático.

A. Para o início de:
- INTRODUÇÃO GERAL
- PARTES
- CONCLUSÃO GERAL

deixe uma página inteira para o título: título em LETRAS MAIÚSCULAS.

B. Para o início dos CAPÍTULOS: comece no início de uma nova página: título em negrito, à esquerda, no alto da página.

C. Para início das SEÇÕES: alinhamento à esquerda no início da linha, em letras minúsculas, negrito.

D. Para o início das subseções: alinhamento à esquerda no início da linha, em letras normais, de acordo com a NBR 6027.

O texto principal da tese é enriquecido pelos *anexos* (de um capítulo, de uma parte ou da tese), pela *bibliografia*, pelo *sumário* e, eventualmente, por um *índice*.

Você é o mestre de obras dessa construção. Cabe a você assegurar a unidade, a diversidade e os ritmos que facilitarão sua abordagem e leitura. Nessa construção, você será sempre assistido pelo computador e seus programas.

Para ajudá-lo nessa tarefa você encontrará alguns conselhos a respeito das notas de rodapé (capítulo 28), dos anexos (capítulo 29), da bibliografia (capítulo 31), do sumário (capítulo 33) e do índice (capítulo 34), além de dicas para o texto para e os títulos.

Definição do formato e layout da página

Desde o começo, cuide da formatação final da sua tese. Para assegurar a padronização dos títulos e do corpo do texto, defina "estilos". No Microsoft Word 2000 para PC vá em Formato/Estilos/Modificar ou Novo (há funções equivalentes em todos os programas de edição de texto, como, por exemplo, o StarOffice, ou sua versão gratuita, o OpenOffice). Não defina apenas o formato dos títulos ("Título 1", "Título 2", "Título 3" etc.), mas também o estilo do corpo do texto. Você pode utilizar modelos de documento que estão disponíveis no próprio programa ou personalizar os formatos. Neste último caso, mantenha em mente que sua tese não é uma obra de arte, mas um texto científico universitário. Sua prioridade não é provar a criatividade estética, mas oferecer uma apresentação sóbria, cuidadosa, clara e eficaz que destaca o conteúdo de seu trabalho. Os principais elementos do formato que você pode querer mudar são:[*]

---

[*]NBR 14724: 2011. (*N. da R.*)

- o tamanho das margens: superior e esquerda 3cm e inferior e direita 2cm;
- a entrelinha: opte por uma entrelinha de 1,5;
- o tipo da fonte: evite fontes muito elaboradas. Pense nos leitores, sobretudo nos membros de sua banca. As fontes são uma questão de gosto e conforto de leitura. Para evitar mexer com o senso estético de seus leitores e para facilitar a leitura (ao longo da leitura, as fontes muito "trabalhadas" cansam os olhos), opte por uma fonte convencional como a Times New Roman, que é adaptada para uma leitura rápida, ou Arial;
- o tamanho da fonte: com a Times New Roman o ideal é um corpo 12, e 10 para as notas de rodapé e citações com mais de 3 linhas.

Esta primeira composição de formato permite obter páginas contendo de 33 a 35 linhas. Não esqueça que para isso há outros elementos de formatação-padrão:

- o texto deve estar justificado à direita e à esquerda;
- os títulos em letras maiúsculas, em negrito, acrescentando espaço depois do título e, enfim, as seções e subseções de acordo com a NBR 6027: 13.[*]

As notas devem estar na parte inferior da página (e não no fim do capítulo, de uma parte ou da tese) e ser numeradas.
    Um conselho: areje seu texto. Por exemplo:

- Os títulos dos capítulos e subcapítulos devem ser alinhados à esquerda. O indicativo numérico é separado do texto por um espaço de caractere;
- O título das seções e das subseções são separados do texto por um espaço de 1,5cm. (NBR 14724: 2011).[**]

---

[*]*(N. da R.)*
[**]*(N. da R.)*

Definir os estilos e utilizá-los para formatar os títulos e o corpo do texto faz com que você possa utilizar a visualização em estrutura de tópicos, além de criar automaticamente o sumário ao terminar a redação da tese, quando todos os elementos estarão reunidos num mesmo documento – introdução, capítulos, conclusão, anexos, bibliografia etc. (capítulo 33). Você ganhará, portanto, bastante tempo ao utilizar esses estilos desde o começo do trabalho de redação da tese. Registre em um documento à parte todos os elementos de formatação de seus documentos e estilos utilizados. Isso será muito útil quando precisar criar novos documentos ou em caso de qualquer problema técnico que afete o formato de um documento já existente.

O modo de estrutura de tópicos

Ele permite visualizar os diferentes níveis de títulos do documento. Atenção, pois a utilização da estrutura de tópicos implica que os títulos e o corpo do texto tenham sido formatados e os estilos aplicados anteriormente.

Uma vez que isso tenha sido feito, a estrutura de tópicos permite, por exemplo, exibir apenas os títulos de seções e de parágrafos, sem o corpo do texto. Essa exibição "arejada" permite trabalhar na estrutura de um capítulo: você pode verificar se os títulos estão claramente padronizados, se não esqueceu de nenhum, se todos estão formatados corretamente e se são coerentes entre si. Essa estrutura permite, também, intervir facilmente nos parágrafos: o que é muito útil quando você terminar a primeira versão de um capítulo e for relê-lo para verificar que o desenvolvimento se desenrola de uma maneira coerente; pode-se utilizar esse modo também na releitura do conjunto da tese (capítulo 32).

Divida e salve

Essas são as duas regras de ouro que você deve sempre ter em mente e respeitar imperativamente.

É preferível – é a primeira regra de ouro – *não redigir a tese em um só documento*, mas criar diversos documentos por unidade de redação. Um documento para a introdução geral, um para cada capítulo, um para a conclusão, um para cada introdução e conclusão das partes, um para cada anexo, um outro para a bibliografia etc.

Dividir a tese em vários documentos oferece muitas vantagens: documentos pequenos são mais fáceis de serem abertos pelo seu computador (tempo de carregamento e de salvar) que um documento de algumas centenas de páginas, sobretudo se ele contiver tabelas, quadros, imagens etc. Além disso, você poderá trabalhar em diversos documentos ao mesmo tempo, principalmente na hora da leitura (capítulo 32), ao alternar as janelas. Finalmente, se um problema afetar seu documento (vírus, corrupção de arquivo, erro etc.), melhor que afete apenas uma pequena parte dele!

E a segunda regra de ouro é a mesma de quando se trabalha com um computador: *grave e salve* seus arquivos sistematicamente.

Ao longo do trabalho, *grave* regularmente o documento no qual estiver trabalhando. Faça-o sempre ao fim de alguma passagem ou apenas algumas linhas escritas que você penará para conseguir escrever novamente. Se não se sentir capaz de fazer isso com a regularidade necessária, configure seu computador de maneira que ele salve automaticamente a cada 10 ou 15 minutos. Em caso de problemas técnicos (um erro de sistema, uma pane na corrente elétrica etc.), o pior que pode acontecer é você perder 10 ou 15 palavras escritas nos últimos minutos de trabalho.

Além disso, ao fim de cada sessão de trabalho, após ter salvado seu documento no disco rígido, *salve*-os (algumas cópias) em ao menos outros 2 suportes diferentes, como um HD externo, um pen drive ou envie-os por e-mail para um endereço que você pode criar apenas para receber esses arquivos da tese.

Faça-o frequentemente a partir do momento em que você começar a agrupar as diferentes partes da tese no documento que será o texto final. Registre cada modificação realizada, e salve o arquivo em 2 ou 3 suportes externos diferentes. Daí vem o interesse, principalmente na reta final, de trabalhar com um equipamento confiável, potente e rápido. Por isso, se você foi obrigado a trabalhar em diferentes computadores ou se trocou o arquivo final de computador, é preciso rever a formatação do trabalho inteiro, que pode ter sofrido algum problema por causa dessas mudanças sucessivas de equipamento (capítulo 36).

Se entregar seu manuscrito para outra pessoa digitar ou corrigir:

1. *Escreva de maneira legível e limpa*. Isso facilitará suas próprias releituras e evitará erros de digitação. Finalmente, você ganhará muito tempo se não tiver que fazer correções.
2. *Escreva apenas sobre uma das faces da folha*. Isso permite desmembramentos e colagens que, evidentemente, seriam impossíveis com o uso de frente e verso.
3. *Escreva com tinta escura* que permita tirar boas cópias e sobre papel branco e de boa qualidade.
4. *Deixe boa margem acima e à esquerda* (o que lhe permitirá fazer acréscimos) *e margem estreita embaixo e à direita* (para evitar perda de texto nas cópias).
5. *Padronize sua apresentação* com rigor, mantendo a preocupação estética.

6. *Corrija com clareza seu manuscrito.*

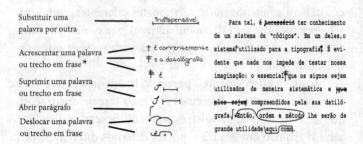

Para tal, é necessário ter conhecimento de um sistema de "códigos". Em um deles, o sistema utilizado para a tipografia. É evidente que nada nos impede de testar nossa imaginação: o essencial que os signos sejam utilizados de maneira sistemática e que eles sejam compreendidos pela sua datilógrafa. Então, ordem e método lhe serão de grande utilidade aqui como.

7. *Guarde sempre uma cópia* do texto manuscrito revisto para entregar à digitação.

---

*Em correção tipográfica, o sinal exato é λ. Os sinais T ⊤ ≠ são úteis para evitar as confusões em caso de correções múltiplas. (*N. do A.*)

27
Como citar obras, artigos e outras fontes

Sua tese é composta por diversos materiais que formam sua documentação. Desde que seu texto integre os elementos de alguma forma "absorvidos" pela sua mente e presentes na própria redação, as fontes na bibliografia basta.

Mas quando uma passagem é sustentada principalmente por materiais precisos – um debate entre autores, informações ou análises elaboradas, estatísticas –, você deve indicar sua(s) fonte(s) em notas de rodapé.

A fortiori, quando você cita um autor ou uma obra coletiva, ou quando retoma outra obra em um quadro, um gráfico ou um mapa, a referência deve ser precisa, com a indicação da edição na qual você trabalhou e a página, para um documento de papel, e o URL completo da página e a data de acesso para um documento de um site da internet.

Três regras

1. Pouco importa se trata-se de análises concretas ou construções teóricas, elementos de debate ou conclusões de trabalhos, mapas, esquemas, tabelas ou qualquer outro material, é necessário *sempre indicar precisamente suas fontes*. É uma questão de honestidade intelectual. Pode, também, ser muito útil: para um leitor que quiser se aprofundar em uma questão ou para si mesmo, se preferir, para retomar

algum ponto dentro de alguns meses ou anos. Se algum erro for descoberto em uma tabela que você apresentar, você estará certamente menos incorreto se apresentar com clareza sua fonte. Caso contrário, você estará duplamente incorreto, por ter incluído em sua tese um elemento errôneo e por ter se apropriado de uma tabela que não foi você quem produziu.

2. *Sempre evite a ambiguidade*:
   - Ou você retoma frases inteiras e cita;
   - Ou você resume um pensamento de um autor e diz;
   - Ou se utiliza de ideias, elementos, argumentos e assinala.
3. *Evite, evidentemente, tudo que pode parecer plágio*. Com os documentos digitalizados (internet, CD-ROM), o copiar/colar é uma facilidade incomparável. Ele é perfeito para você montar sua documentação. Mas não pode, de maneira alguma, ser um método para enriquecer sua tese. Pouco importa se se trata de linhas, páginas ou mais, é proibido apresentar como obra sua textos redigidos por outras pessoas, salvo em forma de citação ou de documentos anexos claramente identificados como tais. O plágio é um roubo intelectual: para um doutorando, é passível de punições severas.

Como citar

Primeiramente, evite citar a torto e a direito. Uma citação, como qualquer outro material, vale apenas pelo espaço que ocupa no raciocínio e no movimento de pensamento da tese.

É inútil citar um grande autor para dizer uma banalidade, a menos, é claro, que você faça uma tese sobre a banalidade na literatura, na filosofia, nas ciências sociais etc. (exceção que confirma a regra).

Evite igualmente as citações muito longas, que podem quebrar o ritmo de sua demonstração, a menos que 2 ou 3 páginas de um autor sejam cruciais em sua demonstração e devem, em seguida, ser objeto de uma análise profunda. Cite "corretamente", ou seja, retomando o texto exato e dando na nota a referência precisa:

```
Portanto, pode-se dizer que, para o autor deste
livro, cita-se "corretamente", "retomando o texto
exato e dando, em nota, a referência precisa" (1).

(1) BEAUD, M. A arte da tese. Rio de Janeiro:
BestBolso, 2014. p. 140.
```

Se citar várias vezes, você não será obrigado a repetir o nome do autor e o título da obra, salvo se houver risco de confusão. A regra, aí, é a do bom senso: é preciso evitar todo risco de erro, de confusão ou de incerteza.

Como se pode ver e já foi dito:
- para livros, coloca-se em itálico o título da obra;
- para artigos e revistas, coloca-se em itálico o nome da revista e entre aspas "o título do artigo";
- e quando se escreve a mão, seja para tomar nota ou entregar um texto para digitação ou revisão, sublinha-se o que ficará em *itálico* ao ser digitado.

Se suprimir algumas palavras, ou parte de uma frase, substitua-as por (...)	dando em nota a referência precisa"(1). Mas ele dá alguns conselhos complementares: "[evite] citar a torto e a direito" (2); porque "uma citação (...) só tem valor no lugar que ela ocupa no seu raciocínio".

	Esses conselhos são coerentes com uma "concepção do trâmite intelectual que implica rigor e honestidade" (3).	Se tiver de modificar a forma de uma palavra, coloque-a entre colchetes, [ ].

Se houver citação dentro da citação, indique mudando o tipo de aspas.	Quanto às "fontes citadas pela segunda vez" (4), convém "retomar as referências tais quais são indicadas nas publicações que foram utilizadas, acompanhando-as menções apropriadas: (...) 'citado por X', 'citado em'" (5).	Deixe claro, nas notas, quem sublinha (ver notas 4 e 5).

O essencial, então, é "evitar qualquer risco de erro, confusão ou incerteza" (6).

(1) BEAUD, M. *A arte da tese*. Rio de Janeiro: BestBolso, 2014. p. 139

(2) *Idem*, p. 119.

Se houver risco de ambiguidade sobre a obra ou o artigo de onde veio a citação, elimine-o fornecendo indicação clara e suficiente.	(3) BEAUD, M. "Artigo fictício", *Caderno de epistemologia*, 1980, p. 215. (4) DUFOUR, M-L. *Le tapuscrit*. EHESS – Service des publications, 1971, p. 38. Sublinhado pelo autor. (5) *Idem*. Fomos nós, M. B., que sublinhamos. (6) BEAUD, M. *A arte da*..., p. 120.

Atenção! *A maneira de fazer referência às obras e aos artigos utilizados nas duas formas anteriores pode ser qualificada como "antiga".*

Para todas as obras, artigos e documentos, impressos ou digitais, que figuram na sua bibliografia, você deve utilizar o método da "fórmula codificada".*

Referências de maneira "antiga"

A forma de fazer referência de maneira "antiga" continua válida em dois casos:

- quando você redige um texto sem bibliografia;
- quando, ao publicar um artigo ou uma obra com bibliografia, você cita ou evoca uma fonte que preferiu não mencionar na bibliografia.

Ela é utilizada há muito tempo para documentos mimeografados e impressos; também se aplica muito bem aos documentos digitais. Assim, em um texto sem bibliografia, poderemos colocar na nota as referências a documentos digitais, tais como:

- Ver Boidin Bruno, 2004, "Desenvolvimento humano, desenvolvimento durável e 'país em desenvolvimento': como articular e medir as diferentes dimensões?", *Revue Développement durable et territoires* (on-line), março, <http://www.revue-ddt.org/dossier003/D003_A01.htm>. Página consultada em 9 de maio de 2005. (Modelo francês.)
- Citado por Marion Georges, 2005, "Para o presidente alemão Kôhler, 'não há ponto final para a História'", *Le monde* (on-line), segunda-feira 9 de maio, <http://abonnes.lemonde.fr/web/article/0,1-0@2-3214,36-647471@51-642773,0.html>. Página consultada em 9 de maio de 2005.

---

*No Brasil, a norma da ABNT de citações (NBR 10520) apresenta o sistema autor-data semelhante à "fórmula codificada" e o sistema numérico quando se usa notas de rodapé. Este é semelhante ao modelo chamado "antigo". (*N. da R.*)

- Exemplo (Modelo francês.) ABNT (NBR 10520) no texto: "A ocorrência do plágio é verificada desde a antiguidade", na nota de rodapé deve constar: KROKOSCZ, M. *Autoria e plágio*: um guia para estudantes, professores, pesquisadores e editores. São Paulo: Atlas, 2012. Na referência ou bibliografia, é preciso repetir a referência acima sem o número da nota.*

Referências com a "fórmula codificada"

Em todos os casos em que você se referir a uma obra, um artigo ou qualquer documento, seja ele mimeografado, impresso ou digital, que esteja presente em sua bibliografia, você deve utilizar como referência a "fórmula codificada" cuja estrutura-base é:

"Nome Ano, Página".

O "Nome" aqui se refere à primeira palavra da "primeira seção" (capítulo 31) da denominação completa que figura na bibliografia. Trata-se:

- do sobrenome próprio do autor, pessoa física, acompanhado eventualmente do nome como veremos mais adiante;
- da sigla, da primeira palavra ou, se preciso, das duas primeiras palavras do nome da instituição-autora;
- ou, na ausência de um autor, da primeira palavra que dá sentido ao título do documento.

A partir dessa estrutura-base, diferentes arranjos são necessários, seja por simples bom senso ou por uma preocupação:

- se seu trabalho apresenta uma questão monetária e você utiliza publicações de diferentes bancos, a referência a "Banco", primeira palavra do nome de diversas instituições, não será suficiente e você deve acrescentar, por exemplo:

---

*(N. da R.)

"Banco mundial 2001, p. x", "Banco popular 2002, p. y" ou "Banco de Madrid 2003, p. z";

- se houver a possibilidade de confusão por causa de uma ou várias homonímias entre autores, pessoas físicas, coloque para esses autores:

"Sobrenome e inicial do nome (ou Nome) Ano, página";

- se houver o risco de confundir a publicação porque uma pessoa é autora de várias obras ou artigos no mesmo ano, coloque:

"Sobrenome Ano (com a identificação da obra ou do artigo por uma letra – que se encontra logo após o ano na bibliografia), página";

- se estiver utilizando uma edição recente ou uma tradução e possui respeito pelo leitor, coloque:

"Sobrenome Ano da primeira edição; Ano da edição ou da tradução utilizada, página."

Isso evita referências surrealistas: "Descartes 2003, p. 57".*

Portanto, se artigos e obras citados já figurarem em sua bibliografia, você deve seguir o quadro a seguir:

---

*O sistema autor-data da ABNT é semelhante ao modelo francês. O que difere é a pontuação e o uso de maiúsculas no sobrenome do autor dentro do parêntese.
Exemplos:
No texto:
– Eco e Carrière (2010, p. 17) afirmam que: "O livro é como a colher, o martelo, a roda ou a tesoura."
– "O livro é como a colher, o martelo, a roda ou a tesoura." (ECO; CARRIÈRE, 2010, p. 17).
Na referência ou bibliografia:
– ECO, Umberto; CARRIÈRE, Jean-Claude. *Não contem com o fim do livro*. Tradução de André Telles. Rio de Janeiro: Record, 2010. (*N. da R.*)

Referências "codificadas" para artigos e obras que figuram na bibliografia

> [...]
> O essencial é "evitar qualquer risco de erro, de confusão e de imprecisão" (7).
>
> (1) Beaud 1985, p. 88; 2006, p. 130.
> (2) Id., p. 87; p. 130.
> (3) Ibid., p. 87; p. 130.
> (4) Beaud 1980, p. 215.
> (5) Dufour 1971, p. 38; sublinhado pelo autor.
> (6) Id., grifo nosso, M. B.
> (7) Beaud 1985, p. 88.

E para os dois documentos acima, extraídos da internet, bastará colocar:

- Ver Boidin 2004.
- Citado por Marion 2005.

Estas "fórmulas codificadas" remetem às denominações completas apresentadas na bibliografia.*

Referências para outras fontes

Como essas fontes podem ser extremamente diversas, desde documentos de arquivos, diversas formas de trabalho de campo e registros de áudio e vídeo, não é possível dar uma regra simples. Identifique sempre claramente a fonte e como obteve as informações, fazendo com que o leitor busque mais informações nos anexos e na bibliografia, na

---

*No Brasil, estes exemplos só podem ser usados em nota de rodapé. (N. da R.)

qual você deve apresentar os aspectos de sua pesquisa e de sua metodologia.

Por exemplo, no caso de informações obtidas em uma pesquisa ou em uma entrevista, faça referência à apresentação que você fez desse componente de sua pesquisa (capítulo 18). Você pode trazer um ponto de vista ou citar precisamente (entre aspas) os registros, desde que identifique sua fonte – se as condições da entrevista autorizarem a identificação dos entrevistados, é claro.

28
Notas de rodapé

As notas de rodapé, como acabamos de mostrar, indicam a fonte (de uma citação, de um elemento de análise, de um algarismo etc.).

Elas servem, também, para remissões internas – das quais não se deve abusar em uma tese –, sejam no alto da página (*supra*), embaixo (*infra*) ou em anexo.

Alguns exemplos de notas

```
(1) Ver supra, p. 10 e s.
(2) Ver infra, capítulo 10.
(3) Ver anexo 1.
```

Permitem, ainda, apresentar comentários que tornariam o texto muito pesado, mas que podem ser úteis ao leitor interessado no ponto em debate.

```
(4) Curiosamente, questionou-se um problema consti-
tucional do mesmo tipo na Nova Zelândia. Ver Lehaut
2003, p. 127, nota 3.
```

As notas servem também para elevar (às vezes ostensivamente) o grau de erudição – real ou aparente – da tese:

Tese erudita (ou de aparência erudita)	Tese suspeita de erudição insuficiente	Tese "honestamente erudita"

Onde as colocar e como apresentar as notas?

Como escolhemos escrever a tese fragmentando-a em grandes partes (introdução, conclusão, capítulo...), há dois modos principais de apresentar as notas:

– no inferior da página ou rodapé;
– no final do capítulo (ou alguma outra parte).

O título deste capítulo deixa clara a minha preferência pelas notas de rodapé. Na verdade, a apresentação das notas no fim dos capítulos, com certeza, vai complicar seu trabalho e tornará a leitura mais difícil. Isso acontece porque as notas no final do capítulo impedem o curso da leitura ou a leitura mais natural do texto; ela obriga a ir do texto a dezenas de páginas à frente para buscar a nota, o que desmotiva o leitor de procurá-la, pois quebra a leitura.

Se optar pelas notas de rodapé, só lhe resta escolher entre a numeração página a página ou a numeração por capítulo. Veja o que está disponível em seu programa de edição de texto, o que utilizam com mais frequência em seu programa de pós-graduação, quais são as suas preferências e escolha uma forma. Mas não se preocupe, lembre-se que, graças às maravilhas da informática, sua escolha pode ser modificada com apenas um clique.

29
Anexos

Se certos documentos, materiais, elementos de informação:

- são de acesso relativamente difícil ou restrito;
- são de interesse certo com relação ao assunto de sua tese;
- não podem ser "integrados" em seu conjunto dentro do desenvolvimento de seu raciocínio;
- ganham em poder ser consultados na íntegra pelo leitor;

você os pode colocar em anexo.

Mais uma vez, entretanto, é necessário dar prova de bom senso, procurando responder às perguntas: é algo "a mais" para a minha tese? Que utilidade tem para o leitor? Que utilidade tem para um pesquisador que queira dar continuidade à minha tese?

A principal diferença entre certas notas de rodapé e o anexo reside na dimensão: algumas informações em algarismos, alguns textos breves, alguns pequenos quadros vêm, de maneira totalmente natural, em notas de rodapé; ao contrário de textos longos, documentos importantes, séries de quadros, metodologia de uma pesquisa econômica, questionário de uma pesquisa de campo, modo de amostragem de uma população, quadros estatísticos originais etc., que encontram muito naturalmente seu lugar nos anexos.

Segundo sua natureza e o objeto a que se reportam, os anexos podem vir: no fim de capítulo, no fim de uma parte, no fim da tese.

Neste último caso, se forem importantes, podem ser reagrupados em um volume especial.

Muitas vezes é útil, no lugar adequado do texto da tese, mencionar o anexo ou indicar sua existência, o que pode ser objeto de uma nota de rodapé.

Em todos os casos, um "índice dos anexos" é desejável.

30
Mapas, quadros, esquemas e gráficos

Você terá, muitas vezes, no decorrer da redação, de decidir sobre o modo de apresentação de certas informações: dentro do texto ou em nota? Por meio de um comentário escrito ou dentro de um quadro, um esquema, mapa ou um gráfico?

Ainda dessa vez, você encontrará a resposta se perguntando:

- o que convém mais ao desenvolvimento de sua demonstração;
- o que torna a apresentação mais rigorosa e mais "legível";
- o que é mais agradável para o leitor.

O texto deve ser, principalmente, reservado ao desenvolvimento de sua demonstração: evite, portanto, perder-se em enumerações quantitativas ou algarismos; mas complete seu texto (que trata do essencial, em função de sua ideia diretriz) com uma informação mais completa ou mais sistemática, à qual poderá dar forma mais expressiva (gráfico, esquema, mapa ou quadro).

Por exemplo, melhor do que várias páginas de comentários com números, nos quais o leitor se perderia, é:

- destacar uma ou duas grandezas significativas com relação à sua demonstração e em torno das quais se articulam duas ou três páginas de texto;
- esclarecer essas grandezas por meio de um esquema, um gráfico ou um mapa;

- colocar em um ou vários quadros (eventualmente em anexo) o conjunto dos dados numéricos de onde foram tiradas essas "grandezas significativas".

Para cada mapa, quadro, gráfico ou esquema:

- indique com precisão sua fonte (capítulo 27);
- ou a forma pela qual você o elaborou a partir de informações coletadas.

No Brasil a ABNT (2011, p. 11) orienta na NBR 14724 que, "qualquer que seja o tipo de ilustração, sua identificação aparece na parte superior, precedida da palavra designativa (desenho, mapa, fotografia e outras) seguida de seu número de ordem. [...] Na parte inferior, indica-se a fonte consultada."*

Exemplos de remissão às fontes

Fonte: gráfico criado a partir da ONU 2003, p. 280 a 290.

Fonte: esquema criado a partir dos resultados de uma pesquisa. Ver *infra*, Anexo III, tabela X, XI e XIII.

*(N. da R.)

Fonte: mapa criado a partir dos números da tabela VII, deste capítulo, e dos números tirados de *L'état du monde* 2003, Paris, 2002, p. 590-607.

31
Bibliografia e fontes

Os materiais a partir dos quais você concebeu e compôs sua tese vieram de várias fontes:

- leituras de obras ou artigos;
- trabalho sobre documentos de arquivos;
- materiais estatísticos;
- pesquisas de campo;
- entrevistas;
- exame de jornais e periódicos etc.

Um espaço importante deve ser reservado, no fim de sua tese, para a apresentação dessas diferentes fontes. Segundo o caso, pode ser intitulado:

PRINCIPAIS FONTES
ou
FONTES E BIBLIOGRAFIA
ou
BIBLIOGRAFIA

Isso deve ser preparado à medida que você desenvolve a tese, pois é *parte integrante de seu trabalho de pesquisa*. Já fiz esta recomendação quanto ao exame de obras e artigos (capítulo 12); ela é válida, também, para o trabalho com arquivos (públicos ou privados, de associações locais ou de empresas), em caso de pesquisa de campo, de entrevistas, de trabalho sobre materiais estatísticos ou de exame de jornais e periódicos.

Você deve, portanto, *apresentar, de maneira completa e precisa, as diferentes fontes às quais recorreu.*

Tratando-se da bibliografia propriamente dita, ela deve ser apresentada de maneira correta, bem-composta, clara e completa.

No Brasil usa-se REFERÊNCIAS para as obras citadas no texto e BIBLIOGRAFIA para as obras citadas no texto adicionadas das obras consultadas e/ou recomendadas sobre o assunto da tese. Usa-se com mais frequência REFERÊNCIAS no lugar de BIBLIOGRAFIAS.*

A bibliografia

Ela deve reunir o conjunto de fontes impressas e digitais que você utilizou para a preparação e a redação da tese.

Esta afirmação geral, simples e de bom senso apresenta duas questões:

1. Todas as obras citadas no decorrer da tese devem figurar na bibliografia? No conjunto, sim, salvo aquelas de que se retirou uma citação sem que, no essencial, se relacionem com o assunto tratado; ou as que foram utilizadas por trazerem um elemento factual preciso, mas que, no essencial, não se relacionam ao assunto tratado. Nos dois casos, as referências correspondentes são citadas apenas em nota.
2. Todos os livros e artigos figurantes na bibliografia devem ter sido citados no texto da tese? Não necessariamente; basta que se relacionem com o assunto e que você os tenha utilizado no decorrer de seu trabalho de pesquisa.

---

*(N. da R.)

Em geral, os dois, juntos, se recobrem de maneira bastante ampla, assim:

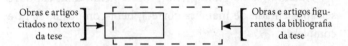

A bibliografia não deve ser nem exageradamente "inchada", nem minguada demais. Em função do assunto e da qualidade do trabalho efetuado, a bibliografia pode comportar entre 8 e 20 páginas.

Último conselho, diplomático. Se seu orientador de pesquisa ou possíveis membros da banca escreveram obras e artigos tendo relação com seu assunto de tese, não se esqueça de incluí-los na sua bibliografia.

Nada mais desagradável do que ouvir de um membro da banca na hora da defesa: "Como disse em um artigo publicado em 1950 e que você deixou escapar, sem dúvida..." Depois um outro, alguns instantes mais tarde: "Sem dúvida, você não tomou conhecimento dos trabalhos do colóquio de Florença, em que essa questão foi amplamente discutida e no qual defendi uma posição totalmente clara..."

Lembremos os elementos básicos dessa apresentação.

1. *Para um livro, a estrutura básica é:*

> SOBRENOME, Nome. *Título da obra*. Local da publicação: Editora, Ano de publicação. Número de páginas.

A partir daí, basta adaptar-se às situações com bom senso e compromisso com a exatidão.

- Por exemplo, para o **autor**:
  - não há autor? Começa-se com o *título da obra*;
  - o autor é um órgão, uma instituição? Coloca-se seu nome (ou sua sigla) no lugar do Sobrenome e Nome do autor;
  - há dois ou três autores? Colocam-se todos em sequência (SOBRENOMES, Nomes), na ordem em que estão no livro, separados por ponto e vírgula;
  - mais de três autores? Se houver um autor principal, coloca-se seu SOBRENOME e Nome seguidos de "*et al.*" (*et allii*, ou seja, e outros). Se não houver autor principal, começa-se pelo *título da obra*;
  - obra coletiva realizada sob a direção de Jean ARDU? Coloca-se ARDU, Jean (Dir.), depois o *título*.

- O mesmo para o **título**:
  - título com subtítulo? Indicam-se os dois; por exemplo: *Os estatocratas* (*Ensaio de antropologia política*).

- O mesmo para a **editora**:
  - se, excepcionalmente, houver várias editoras, mantenha todas; por exemplo: Seuil/Maspero;
  - sem editora? Assinale: sem editora. Para os textos datilografados, fotocopiados ou mimeografados: coloque simplesmente a indicação correspondente.

- O mesmo para **local** e **data** de publicação:
  - sem local de publicação indicado? Assinale: sem local;
  - sem data de publicação indicada? Assinale: sem data.

Se você trabalhou com uma edição diferente da primeira, indique, antes do lugar de publicação: 3 ed.

Se citar **obras estrangeiras**, proceda da mesma forma; porém, por cortesia com seus leitores, pode colocar logo após o título na língua original, entre colchetes, que existe tradução em português da obra.

Se citar uma **tradução**:

SOBRENOME, Nome. *Título da obra na língua de tradução*.
Tradução de nome do(a) tradutor(a). Lugar: Editora, ano.
Número de páginas. Tradução de: título original.

2. *Para um artigo, a estrutura básica é*:

> SOBRENOME, Nome: Título do artigo.
> *Nome do periódico*, local de publicação,
> ano, volume (v.), número (n.), páginas
> inicial e final, mês abreviado, ano.

ou:

> SOBRENOME, Nome. Título do capí-
> tulo. In: NOME DO EVENTO, número,
> ano, local. *Anais...* Local: editora, ano.

Observação: no caso de livro, é o *Título da obra* que fica em itálico; no caso de artigo, é o *Nome do periódico*. Para capítulo de livro destaca-se o título do livro e não do capítulo.

3. *Para trabalhos acadêmicos (monografia, teses e dissertações)*:

> SOBRENOME, Nome: *Título de tese*.
> Ano. Total de páginas. Tipo (nome do
> curso) – Nome da universidade, local de
> defesa, ano.

4. *Para documentos disponíveis na internet:*

> SOBRENOME, Nome: *Título do documento*. Local: editora, ano. Disponível em: <endereço web>. Acesso em: data do acesso 19 jun-2013.

A bibliografia deve ser ordenada, podendo ser:

- por partes ou capítulos;
- pela natureza das obras:
  1. Obras gerais
  2. Outras obras
  3. Artigos
- pelos temas:
  1. Obras gerais
  2. A experiência brasileira
  3. As experiências estrangeiras

A ABNT propõe que as referências sejam ordenadas de duas formas. O sistema alfabético é amplamente utilizado no Brasil, no entanto, também é possível utilizar o sistema numérico, em que se repete o número da nota de rodapé atribuído na referência e, ou bibliografia ao final do trabalho.*

No interior de cada título ou entrada, livros e artigos são classificados por ordem alfabética dos SOBRENOMES dos autores, o Título substituindo o SOBRENOME nas obras sem autor. Para o mesmo autor, classificam-se as obras por ordem cronológica das datas de edição.

Para ser de qualidade, uma bibliografia deve ser preparada desde o primeiro dia de trabalho de pesquisa.

---

*(*N. do R.*)*

32
Releitura, títulos, introduções e conclusões

Você redigiu o conjunto dos capítulos, compôs os anexos, estabeleceu a apresentação das fontes e da bibliografia. Pensa ter chegado ao fim de suas dificuldades. Enganou-se.

Você está quase na mesma situação do marceneiro que tem todas as suas prateleiras cortadas na medida certa e que procedeu a uma primeira "colocação" para verificar se não há problemas. Agora, ele vai desmontar tudo e começar a colocação definitiva, ajustando, aparafusando etc.: com a dupla preocupação de cuidar dos detalhes e de realizar, com coerência, o conjunto de sua montagem.

Acontece o mesmo com você.

Releitura do conjunto

Seu trabalho, no momento atual, é um produto bruto. Vai ser preciso corrigir imperícias, completar pontos, encurtar certas passagens longas demais, reequilibrar, resolver problemas de repetição ou de "defasagem" entre diferentes partes do texto.

E para isso será necessária uma releitura de todo o texto, uma leitura calma, atenta, com o espírito desperto e crítico; reserve alguns dias e releia, na sequência, todo o texto.

Atenção, não se trata de reescrever tudo; também não seria preciso se deter, como os ansiosos, em cada detalhe; mas será preciso que cada um, e sobretudo aquele que exige pouco de si mesmo, gaste um pouco de seu tempo para reler, corrigir o que pode ser corrigido e melhorar o que pode ser melhorado.

E quanto mais rápido e aproximativo tiver sido seu trabalho anterior, maiores serão as dificuldades e o número de pontos a serem retomados. Ao contrário, os conscienciosos e os metódicos poderão saborear o fruto de seus esforços anteriores.

Se houver pontos que você não possa corrigir ou melhorar, por falta de espaço, assinale-os numa página intermediária, colorida, indicando: "passagem a resumir; fazer um anexo?"; ou: "ponto a desenvolver", "valor a verificar"; ou "referência a completar". Ou, ainda: "rescrever", "enxugar", "a rever". Se você trabalha seu texto na tela, pode colorir alguns trechos, fazer anotações em versalete (para que se distingam do texto) e as acompanhar de uma sinalização, como XXX (que será facilmente encontrada ao fazer uma busca no texto). Se fizer a releitura do documento impresso, utilize marca-textos, marcadores de página e post-it, deixando-os passar da margem da folha. Eles vão indicar em que pontos você ainda precisa intervir e, ao considerar o conjunto, é possível ter uma ideia de quanto trabalho resta para terminar a tese. Você pode, ainda, fazer uma lista em uma folha das verificações e pesquisas a realizar.

Essa releitura do conjunto deverá equivaler a uma revisão em seu texto antes da apresentação final.

Mas isso não é tudo. Ela deve permitir reforçar a coerência, o peso do raciocínio que você desenvolveu.

E por isso você tem um duplo trabalho a fazer:

- sobre as introduções e conclusões;
- sobre os títulos.

Releitura das introduções e das conclusões

A cada grande etapa: início (e fim) da tese, início (e fim) das partes, início (e fim) dos capítulos, é preciso introduzir (e concluir).

Introduzir é colocar, pôr em perspectiva, diria encenar a questão principal que vai ser tratada (na tese, nas partes, nos capítulos): evocar o quadro dentro do qual ela se situa, precisar como, a seus olhos, o problema se coloca, formular a questão e anunciar como irá abordá-la e tratá-la.

E concluir, atenção, não é resumir: é destacar os elementos de resposta que puderam ser estabelecidos (na tese, nas partes, nos capítulos), reuni-los, sintetizá-los e sugerir a(s) perspectiva(s) que essas respostas abrem.

Mas, ao mesmo tempo, mediante introduções e conclusões (da tese, de partes, de capítulos), você pode guiar o leitor ao longo do raciocínio que adotou; poderá lembrar-lhe, explicar-lhe a demonstração que está fazendo, o que você estabeleceu e o que lhe resta pesquisar; poderá destacar, pôr em evidência, valorizar, a linha diretriz, o fio condutor do raciocínio que sua tese comporta.

Por ocasião de sua releitura geral terá, portanto, de reler também muito cuidadosamente introduções e conclusões, e, eventualmente, de escrever aquela que deixou "para mais tarde", que não ficou boa ou foi malredigida.

Isso feito, aceite mais um conselho. Escolha um dia calmo, em que esteja intelectualmente disposto, para reler o conjunto de suas introduções e conclusões; na ordem da tese, simplesmente:

– Introdução geral;
– Introdução da 1ª parte;
– Introdução e conclusão do capítulo 1;

- Introdução e conclusão do capítulo 2;
- Introdução e conclusão do capítulo 3;
- Conclusão da 1ª parte;
- Introdução da 2ª parte;
- Introdução e conclusão do capítulo 4;
- Introdução e conclusão do capítulo 5;
- Introdução e conclusão do capítulo 6;
- Conclusão da 2ª parte;
- Conclusão geral.

Ou o conjunto se sustenta, e você encontra facilmente o encadeamento de pensamento que queria dar à sua tese (e que se desenvolve ao longo dos capítulos), e tudo está bem; ou ainda há rupturas, defasagens, incoerências, e é preciso retomar algumas introduções ou conclusões.

Fazer esse trabalho (relativamente pequeno) é tão importante quanto um marceneiro verificar a colocação do arcabouço; tão importante quanto um esquiador controlar a fixação dos esquis ou um cavaleiro a colocação da sela no cavalo.

Você deve, evidentemente, dar importância muito particular à introdução geral e à conclusão geral da tese.

A introdução geral deve "captar" o interesse do leitor: o assunto deve ser conduzido, apresentado, situado em seu contexto. Muitas vezes, é recomendado, desde esse estágio, sobrevoar, evocar, apresentar o estado da reflexão ou da análise, os debates em curso, as motivações. É preciso, também, por toques sucessivos, apresentar as grandes linhas da problemática adotada para, em seguida, destacar o procedimento de exposição que foi escolhido e, finalmente, anunciar o plano.

A conclusão geral deve retomar as principais contribuições que foram destacadas no decorrer dos diferentes capítulos; é preciso enfatizar seu interesse, mas também suas incertezas e insuficiências; e devem ser indicadas as principais questões que restam para resolver – ou aquelas que surgiram dos próprios resultados obtidos na tese.

E será preciso dizê-lo? Se houver lugares em que a questão principal, a ideia diretriz, a demonstração da tese devam ser particularmente postas em destaque e valorizadas, esses serão exatamente, sob formas diferentes, na introdução geral e na conclusão geral.

Releitura dos títulos

Restam os títulos.

São os "painéis indicadores" de seu raciocínio geral. Cada título deve ser, ao mesmo tempo, curto e conciso, exprimindo o essencial da ideia da parte (ou do capítulo) que ele encabeça.

Muitas vezes, porque a ideia foi esclarecida e decantada, é no fim da redação da tese que se encontram os melhores títulos. Então, não hesite em substituir os títulos provisórios, do tipo "títulos-etiquetas", por outros mais expressivos, precisos, comunicativos: "títulos-expressão" da ideia principal da parte (ou do capítulo).

E da mesma forma que se deve encontrar seu raciocínio em suas introduções-conclusões, também se deve apreendê-lo apenas pela leitura de seus títulos. Além disso, deve haver correspondência e harmonia entre os seus títulos.

Faça, portanto, este último teste. Coloque em uma folha de papel (e eventualmente imprima) os principais títulos:

TÍTULO GERAL DA TESE
TÍTULO DA PARTE 1
TÍTULO DA PARTE 2

Funciona? Fala por si mesmo? É exatamente o que você diz em seu texto? Sim? Então está bom.

Se não, retrabalhe-os.

E, depois, faça o mesmo teste para cada parte.

> TÍTULO DA PARTE 1
> Título do capítulo 1
> Título do capítulo 2
> Título do capítulo 3

Funciona? Fala por si mesmo? Encontra-se aí, ao mesmo tempo, o conteúdo dos capítulos e o encadeamento da parte? Sim? Então está bom.

Se não, retrabalhe-os.

E se você se impacientar, lembre-se de que o trabalho de tese é um trabalho de artesanato intelectual.

Lembre-se dos gestos precisos, metódicos, do carpinteiro ou do marceneiro. E, por fim, lembre-se do gosto pelo acabamento que têm os bons artesãos.

33
Sumário

O sumário permite apresentar de uma maneira organizada a estrutura de sua tese e de todos os elementos conexos, com a indicação da página inicial de cada subdivisão. Ele é colocado normalmente no começo da tese, após a dedicatória.

Para muitos leitores o sumário será a porta de entrada para sua tese. Em nosso tempo de leitura rápida e comunicação imediata, ele será semelhante à contracapa de um livro, ou seja, a primeira maneira que temos de formar alguma opinião sobre o conteúdo da tese e ter uma impressão geral. O sumário será para todos um instrumento de trabalho que ajudará a acompanhar o movimento de sua demonstração, de verificar se tal questão é abordada ou procurar um ponto ao qual se deseja retornar. Ele é um componente de grande importância.

Um sumário desorganizado transmite a ideia de uma tese não trabalhada ou desleixada. Quando malconstruído ou desequilibrado constitui um sinal negativo. De toda forma, um sumário não pode salvar a tese. Para um leitor mais atento, no entanto, o sumário bem-feito fará com que ele perceba mais as qualidades do trabalho do que as possíveis falhas.

Aqueles que trabalham em um computador rápido com ótimos programas, os dominam bem, e que assumiram o risco de trabalhar em um único documento para a redação da tese, já puderam praticar a função "Sumário". Basta abrir a última versão da tese e fazer as verificações necessárias.

Aqueles que seguiram meus conselhos de prudência e dividiram a redação por capítulos e outras partes vão reuni-los ao final, em um documento chamado "Tese versão final". Como trabalharam em seu computador pessoal ou em qualquer outro, são obrigados a verificar se nenhuma parte (de texto, notas, formatação) foi afetada ao reunir todas as partes em apenas um documento. Uma vez que o texto definitivo esteja finalmente terminado, é preciso escolher onde colocar o sumário (normalmente no começo da tese) e basta inserir a função "sumário". O programa sugere diversos formatos de sumário e pergunta quais níveis de texto devem ser levados em consideração. Se sua tese possui cinco níveis (parte, capítulo, seção, parágrafo e ponto) que foram definidos como tais graças à função "estilo", basta indicar esses cinco níveis que o programa de edição de texto fará o restante.

Você deve verificar tudo mais de duas vezes

Com o sumário já colocado, é preciso verificar, ainda, se todos os títulos estão aparecendo da forma correta, com o formato que possuem na hierarquia textual. Se houver alguma falha ou ausência de título, resta procurar a razão (o estilo de um ou vários títulos não foram aplicados ou um erro qualquer). Corrija os problemas, faça um novo sumário e verifique novamente. Uma outra dica importante é verificar se o número das páginas indicadas no sumário correspondem às páginas que realmente existem.

Quem tiver problemas com o computador e com os programas e não conseguir, por qualquer razão, utilizar o sumário automático, deve fazê-lo manualmente, utilizando o equipamento da melhor maneira que conseguir.

A norma de sumário (NBR 6027:2013) orienta que a palavra sumário aparece centralizada, na primeira linha da folha.*

```
         SUMÁRIO

1 INTRODUÇÃO ...... 07
2 TÍTULO CAP. 2 ....... 09
2.1 Subcapítulo ........... 10
```

Verifique, também, se os títulos dos capítulos estão apresentados de maneira homogênea: no alto da página e à esquerda; escritos de forma destacada, utilizando algarismos arábicos.
Muito importante:

```
   CAPÍTULO 1              CAPÍTULO 2           CAPÍTULO 3
AS FORÇAS PRESENTES       OS PONTOS DE          FACE A FACE
                          CONFRONTAÇÃO
```

É opcional utilizar a palavra "capítulo" antes do numeral arábico.

Verifique, enfim, se os títulos de seções, parágrafos e pontos estão apresentados de maneira homogênea.

---

*(N. do R.)

Não se esqueça de colocar em seu sumário todas as seções e subseções do trabalho, inclusive anexos, apêndices e índices, se houver.

O sumário e as listas constituem também instrumentos de trabalho, de facilidades oferecidas aos leitores.

Listas de tabelas, mapas, gráficos, esquemas e anexos só têm sentido se esses elementos forem suficientemente numerosos em sua tese e constituírem material substancial: inútil fazer uma lista para dois ou três gráficos de interesse médio.*

A cronologia também pode ser um complemento interessante para o leitor. Cabe a você decidir o que pode constituir algo a "mais" em sua tese. Mas, desde que decida fazê-lo, faça-o cuidadosamente ou poderá correr o risco de ver isso se voltar contra você.

---

*A ABNT orienta que essas listas devem vir antes do sumário (NBR 24724:2011). (*N. do R.*)

34
Índice

Índices podem completar de maneira útil as tabelas:

- índices dos nomes próprios ou, mais precisamente:
  - índice dos personagens citados
  - índice dos autores citados
  - índice dos lugares geográficos citados

- índice analítico.

Os *índices dos nomes próprios* são bastante fáceis de estabelecer, já que a determinação da posição exata de um nome próprio pede apenas um pouco de atenção... e organização.

O mais sensato é começar a constituir o índice "em branco" (sem indicar os números das páginas) e só colocar o número das páginas a partir de uma releitura do exemplar definitivo. Com alguns processadores de texto, para aqueles que trabalham com computadores, o índice pode ser estabelecido com as páginas, desde que se disponha da lista dos nomes.

O *índice analítico** é um pouco mais complicado para se estabelecer, na medida em que implica uma escolha judiciosa das palavras-chave, "referências":

- uma referência ampla demais resultará em número de páginas tão elevado que perderá toda a utilidade;

---

*A redação desse ponto me foi sugerida por François Gèze, que parece ser um dos grandes especialistas franceses em indexologia aplicada e teórica. (*N. do A.*)

- e se as referências forem precisas demais, sua lista vai se alongar e se tornar difícil de ser utilizada.

Se, por exemplo, para este livro, eu pegar a palavra "tese", praticamente terei de citar quase todas as páginas dele. Vale mais a pena pegar referências ao mesmo tempo restritas e importantes para o leitor; por exemplo:

- assunto (da tese)
- documentação
- bibliografia
- plano (de trabalho, de redação)
- pesquisa
- redação
- defesa
- ...

E, concernente à tese propriamente dita, podem-se reter palavras-chave que remetem a objetos precisos:

- Tese:
    - emprego da palavra no livro
    - decisão de fazer uma –
    - fichário central das –
    - calendário (ou cronograma) da –
    - como demonstração construída
    - ...

Uma vez escolhidas essas referências, uma releitura atenta (e apontada para esse objetivo) permitirá assinalar as passagens mais importantes que podem ser assinaladas com marca-texto. Essa releitura sugerirá a adoção de novas referências nas quais não se tinha pensado em um primeiro momento, mas que se revelaram necessárias.

Uma vez que a lista das referências tenha sido estabelecida, é preciso verificar sua coerência: não há "interseções" demais entre referências quase sinônimas? Não há temas importantes esquecidos?

Resta apenas, então, estabelecer concretamente a base do índice, com uma ficha (ou folha) por referência. Para sua classificação por ordem alfabética, alguns trabalham com fichários; outros, com maços de papel; alguns espalham-nas por fileiras invasoras; outros usam pregadores de roupa...

E, finalmente, quando todo o texto tiver sido referenciado, faltará apenas escrever (ou digitar) o índice analítico.

Mesmo aí, ganha-se tempo se ele for estabelecido a partir do exemplar definitivo. Mas isso demanda certo tempo, num momento em que, na maioria das vezes, se está apressado para acabar.

Tendo escrito essa passagem, acrescento a palavra "Índice" à lista provisória das referências que utilizarei quando tiver de estabelecer o índice deste livro.

35
Agradecimentos e dedicatória

No início da tese, é normal que figurem agradecimentos.

Esses agradecimentos podem incluir seu orientador, assim como qualquer outro professor, especialista ou amigo que o ajudou na preparação e na redação de sua tese. Saiba encontrar o tom preciso: nem enfático, nem com excesso de adjetivação; seja sóbrio e conciso.

Pode, também, agradecer às instituições de apoio financeiro e às pessoas que o ajudaram particularmente em sua documentação: bibliotecários, documentalistas responsáveis por arquivos ou base de dados, que se esforçaram para facilitar seu trabalho. Isso não impedirá que nomeie as bibliotecas, os centros de documentação, arquivos ou base de dados, no final da tese, em "Fontes e bibliografias".

Você pode agradecer, também, à pessoa que digitou sua tese, se não foi você, e às pessoas que leram tudo, ou apenas parte, para ajudá-lo a corrigir a base, a forma ou os erros de sintaxe, ortografia ou impressão.

Poderá, da mesma forma, dirigir uma palavra de agradecimento às pessoas mais próximas a você, na medida em que elas tiveram, direta ou indiretamente, de suportar parte da carga de trabalho em que você obteve êxito.

Em todos os casos, seja sóbrio e conciso.*

---

*A ABNT recomenda que se utilize a palavra AGRADECIMENTOS centralizada, na primeira linha da folha, em caixa alta e negrito. O texto possui formatação livre. (*N. do R.*)

Alguns almejam dedicar seu trabalho a um ente querido ou respeitado. Mesmo aí, seja sóbrio. E evite uma litania em que seriam enumerados todos os membros de sua família, todos os seus amigos e todos os professores que você teve desde o ensino fundamental.

Em caso de dedicatória, consagre uma página inteira a algumas palavras, poucas e diretas. Exemplo:

Exemplo de dedicatória

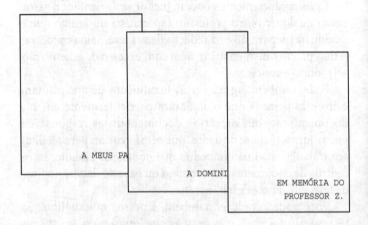

Apenas uma página de dedicatória.

É tradicional – obrigatório em algumas universidades – fazer figurar no fim da tese a seguinte advertência:

A Universidade XYZ não pretende dar nenhuma aprovação nem reprovação às opiniões emitidas nas teses. Essas opiniões devem ser consideradas como próprias de seus autores.

36
Últimas correções e releituras

Se antes mesmo de começar a digitar as primeiras linhas de sua tese você explorou seu computador a fim de conhecer todas as funções que poderiam lhe ajudar a realizar uma "redação assistida por computador"; se construiu, elaborou e estruturou sua redação de maneira a assegurar a clareza e a coerência de seu texto; se, levando em consideração as exigências dos programas, você foi criterioso na escolha e aplicação dos estilos ao documento, de forma a configurar de maneira correta a hierarquia textual das partes, capítulos, seções e parágrafos; se escolheu o formato adequado para as notas de rodapé; se construiu sua bibliografia e registrou meticulosamente todas as fontes e dados utilizados de cada obra se seus textos eram regularmente lidos e revisados quanto ao conteúdo, ao estilo, à ortografia, à sintaxe, à pontuação, às citações e às referências; se você utilizou um computador potente para trabalhar, ficou atento aos perigos do copiar/colar, trabalhou em apenas um documento para toda a sua tese ou dividiu as partes em vários documentos, reagrupou-os em apenas um e verificou a coerência de formatos e estilos; se utilizou a função "Sumário" automático – ou até mesmo o "Índice" automático – e tudo deu certo; então o texto de sua tese já está praticamente pronto.

Mas como você deseja fazer um trabalho praticamente sem erros, é preciso fazer ainda algumas verificações (checar se as páginas indicadas no sumário, no índice, nas figuras etc. estão corretas) e algumas releituras:

- para procurar algum erro de digitação, de ortografia etc.;
- para verificar a coerência do texto e fazer, se preciso, as últimas modificações;
- para chegar a um produto tão perfeito quanto possível.

Se por uma razão ou outra você reagrupar as partes de sua tese em um só documento, e elas tiverem sido feitas em computadores diferentes, você deve checar toda a formatação e a apresentação do conjunto da tese. Após organizá-la, confira o sumário – e o índice, se existir. Após essas etapas, provavelmente será preciso fazer algumas releituras:

1. Uma leitura calma, frase a frase e palavra por palavra, para localizar pequenos erros e problemas de digitação;
2. Um percurso sistemático do conjunto da tese, para controlar os títulos, verificar se nada foi omitido ou defasado, verificar a adequação do sumário e do índice;
3. Uma leitura como último controle da coerência de base.

Se, por questão de tempo ou qualquer outro motivo, você acabou de inserir passagens de manuscritos seus digitadas por outra pessoa ou se seu texto acabou de passar por uma revisão externa a partir do texto impresso, uma outra leitura é recomendada. Concretamente, é preciso prever:

1. Uma leitura a dois, com um leitor seguindo o manuscrito e o outro, o texto digitado, um dos dois lendo em voz alta – único meio de localizar frases ou parágrafos omitidos, erros de algarismos, de datas etc.;
2. Uma leitura (ao menos) feita por um dos leitores principais ou, melhor, por uma pessoa que não teve ainda, em nenhu-

ma ocasião, oportunidade de ler a tese – o que trará um olhar e um julgamento externos;
3. O conjunto do trabalho de releitura e de verificação aconselhado anteriormente.

37
O produto acabado

Você está de posse do texto completo, sistematicamente revisto e corrigido. Seu orientador já lhe deu sinal verde, após uma última análise.

Paralelamente ao estabelecimento do texto, você preparou ou mandou preparar a primeira página (ou capa):

Exemplo de capa

```
NOME DA UNIVERSIDADE


NOME DO AUTOR




TÍTULO: SUBTÍTULO




            Local
            Ano
```

Exemplo de folha de rosto

```
NOME DO AUTOR


TÍTULO: SUBTÍTULO

   Tese de doutorado
   apresentada à (nome
   da universidade) como
   requisito parcial para
   a obtenção ao título
   de doutor em (nome do
   curso)

   Orientador(a):
   Coorientador(a):

        Local
        Ano
```

Agora você pode tirar cópias da tese; é preciso prever:*

- 1 exemplar para cada membro da banca (ao menos três);
- 2 exemplares para a universidade;
- 1 exemplar para você;
- 1 a 5, 10 a 15 exemplares para difusão exterior (para remeter a especialistas interessados, a algumas bibliotecas; para constituir dossiês de concursos; para propor a editores).

Feito isso, segundo suas necessidades e possibilidades financeiras, 7-10 a 20-25 exemplares.

Ei-lo, enfim, de posse de um produto acabado.

Seria cortês remeter um exemplar a seu orientador – a menos que ele prefira que você o entregue pessoalmente, em seu escritório ou em sua residência.

Você deve também entregar os exemplares previstos ao serviço de teses.

Para os membros da banca, veja com seu orientador ou com o serviço de teses como se fará o encaminhamento.

---

*Veja, com o serviço de teses de sua universidade, o número exato de exemplares que deve fornecer. Muitas universidades utilizam a cópia digital, reduzindo a quantidade de impressões para os membros da banca. (*N. do A.*)

38
Antes da defesa

A composição da banca obedece a regras próprias dos diferentes tipos de doutorado e a procedimentos que podem variar um pouco, segundo as disciplinas e as universidades. Na maioria das vezes o orientador começa a se preocupar com isso quando a tese entra na fase de acabamento.

A composição da banca que lhe dará o título de doutor possui uma dupla importância: primeiro, para a defesa e seu resultado (evidentemente a nota), mas também para a continuação de seus estudos e sua carreira, sobretudo se escolheu ser professor e/ou pesquisador. Uma banca fraca no assunto de seu estudo pode lhe garantir uma defesa sem estresse, mas, ao mesmo tempo, algum dos membros pode se deter em algum ponto ou passagem que não possui a menor importância para o seu trabalho como um todo. Mais grave ainda: uma banca fraca pode prejudicar o seu currículo quando outros colegas o examinarem para uma oportunidade, um concurso ou um emprego. O ideal é evitar a presença de um professor reconhecido por sua arte de criticar excessivamente as teses que avalia e também vale evitar um professor com quem você tenha tido alguma divergência ao longo de seus estudos. Converse sobre esses aspectos com seu orientador. Para um candidato que pretende seguir a carreira de professor e de pesquisador, é importante apresentar uma boa tese perante a banca, cujos membros, provavelmente, possuem competências sólidas e reconhecidas em diferentes campos que a tese abrange. Assim, eles podem se tornar um tipo de conselheiro e lhe dar apoio na continuação de seus estudos. Se seu assunto aborda um país estrangeiro, a participação de um professor desse país, estudioso no assunto de sua pesquisa, pode ser algo bastante proveitoso.

Há muitos orientadores que discutem sem problema com seus orientandos sobre a composição da banca. Outros, no entanto, se mostram reticentes quanto a isso. Cabe a você avaliar o que é possível. O melhor é averiguar com antecedência os professores que podem compor a banca.

Uma vez constituída a banca, o orientador deve encontrar uma data que convenha a cada um de seus membros, o que, às vezes, implica severos atrasos.

Mas é preciso, antes de poder fixar a data da defesa, que a tese seja qualificada perante dois professores, concluindo que o trabalho apresentado pode ser admitido para a defesa.

Também devem ser previstos atrasos:

CALENDÁRIO ANTES DA DEFESA

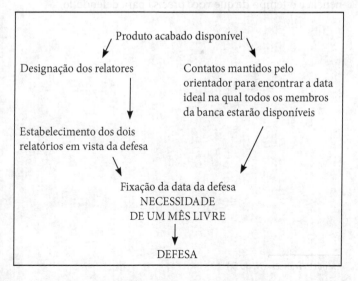

As condições de inscrição, de cursos e de defesa variam segundo os diferentes tipos de doutorado: melhor consultar os departamentos de pós-graduação das instituições.

Para poder defender sua tese o estudante deve estar regularmente inscrito na universidade.

Para o doutorado ele deve entregar ao serviço de teses suas "posições de tese": expor de maneira clara e completa questões abordadas e, principalmente, respostas trazidas pela tese (de 5 a 20 páginas a remeter, em um número de exemplares que o serviço de doutorado precisará, um mês antes da defesa).*

É evidente que ao longo da preparação de sua tese você assistiu a outras defesas de doutorado em seu programa de pós-graduação ou sobre temas que lhe interessam, em outras instituições. Essa é uma maneira eficaz de observar e entender como a defesa acontece. Alguns dias antes da sua você pode organizar, com alguns pesquisadores e amigos sérios, uma apresentação da sua tese – esta é a forma como começará a sua defesa. Trata-se de uma maneira de testar seu texto, sua pertinência e o tempo de que você precisa para defendê-lo.

---

*Modelo francês. (*N. do E.*)

39
A defesa

A defesa é pública e acontece diante da banca constituída de três membros, no mínimo.

As menções atribuídas podem ser: Honrosa, Muito Honrosa e com Congratulações.*

A apresentação oral surte efeito sobre o resultado final. Certamente, há baixa probabilidade de se salvar uma tese ruim ou de se reprovar uma tese excelente; mas, em caso de tese média ou de incertezas subsistindo após a leitura, a apresentação oral pode fazer mudar a opinião da banca – tanto para melhor quanto para pior.

Daí a importância de uma boa preparação.

É preciso, primeiro, estar preparado no dia da defesa: nem ansioso demais e tenso, nem "relaxado" demais e distante. É preciso isolar-se nos dias anteriores para reler as principais passagens da tese.

Deve-se, também, ter preparado a apresentação – ritual – que o autor terá de fazer, de sua tese, no início da defesa: cerca de 12 a 15 minutos de uma apresentação sóbria, clara, formulada de maneira calma e convincente.

Enfim, é preciso estar capacitado para defender com segurança e cortesia suas posições face às críticas dos membros da banca:

---

*Modelo francês. (*N. do E.*)

- reconhecer as fraquezas ou erros evidentes, mas clarificar eventuais mal-entendidos e explicar as possíveis insuficiências que resultaram em dificuldades ao longo da pesquisa;
- valorizar os pontos motrizes;
- sustentar de maneira consequente e inteligente as opiniões expressadas na tese.

O ideal é que os membros da banca comecem logo a discutir o assunto entre eles, a partir da tese: é o indício de que as ideias nela defendidas são estimulantes.

Após deliberação, o presidente da banca pronuncia a aprovação da tese, com esta ou aquela menção. As teses muito boas podem não somente receber a menção "muito honrosa com congratulações", como também ser candidatas a um "prêmio de tese" ou para uma "subvenção em vista de publicação".

Aplausos discretos do auditório, felicitações por parte dos membros da banca; agradecimentos por parte do novo doutor.

Alguns desejam comemorar sua defesa.

Em algumas universidades, é possível organizar uma festa em sala vizinha à da defesa: faça-o apenas de acordo com os serviços da administração e com seu orientador. Informe discretamente os membros da banca sobre isso – eventualmente, logo após a defesa: não é preciso nem excluí-los nem "forçá-los" a participar.

Mas você também pode organizar alguma coisa em sua casa ou na casa de amigos, de caráter mais íntimo; é pouco provável, entretanto, que os membros da banca aceitem o convite.

40
Após a defesa

Você acha que está definitivamente livre de sua tese? De jeito nenhum.

Ainda terá de remeter ao serviço de teses:

- um resumo de cerca de meia página, destinado à biblioteca universitária, tendo em vista a base de dados de teses; esse resumo deve ser assinado por todos os membros da banca;
- um "formulário de registro" das teses defendidas, destinado ao Banco Central das Teses.*

Você também poderá se informar junto a esses mesmos serviços sobre a possibilidade de reprodução por escritórios especializados.

Entretanto, vai ser preciso "acabar" sua tese.

"Acabar" pode ser, primeiro, escrever algumas palavras de agradecimento – isso nunca faz mal – ao seu orientador e às duas ou três pessoas que o ajudaram realmente durante a preparação de sua tese ou na fase final.

"Acabar" também pode ser conseguir a publicação de sua tese. Uma ou duas obras? Uma obra ou alguns artigos? Que tipo de obra? A defesa, sem dúvida, já permitiu esclarecer estas questões. Uma discussão com seu orientador ou com algum membro da banca lhe permitirá tomar uma decisão.

---

*Modelo francês. (N. do E.)

E, nessa decisão, devem pesar, sobretudo, dois elementos:

- o que vale sua tese;
- o que você visa em termos de carreira profissional e científica.

Para artigos, será preciso ter uma reunião com os responsáveis pelas revistas suscetíveis de acolhê-los; e, para uma obra, com o responsável por uma coleção ou uma editora. Nos dois casos, será preciso examinar bem e precisar:

- a natureza da publicação;
- a importância exata (número total de "caracteres" – letras e espaços);
- a data de entrega do texto.

E como os critérios das editoras diferem frequentemente dos das bancas acadêmicas, provavelmente será preciso retomar e retrabalhar seu texto.

"Terminar" deve significar, também, gerenciar a transformação de sua vida. Mesmo que você já possua uma atividade profissional, a preparação de sua tese foi sua principal preocupação nos últimos anos. A partir de agora as dimensões pessoal e profissional vão assumir o comando. Aqueles que seguirão no ramo da pesquisa serão os menos afetados, pois participarão de seminários e colóquios em que poderão encontrar pesquisadores, entrar em contato com equipes e centros de pesquisa, além de conhecer as condições e os caminhos para possíveis contratações.

Da mesma forma, aqueles que visam uma carreira de professor-pesquisador conhecerão o caminho para tal: alguns foram monitores e agora são professores substitutos, falaram com os professores de seus projetos e se informaram sobre as possibilidades de contratação. Aqueles que buscam uma carreira na área de administração já se informaram sobre os concursos. Os que escolheram trabalhar em empresas já conseguiram muitos contatos em colóquios, encontros ou estágios e devem aproveitar a defesa para reforçá-los e colher frutos. Para os concursos e contratações na área de pesquisa, seja em ensino ou administração, informe-se com antecedência e bem antes da defesa sobre os procedimentos de inscrição e as datas-limite para apresentar seu dossiê de candidatura.

Aqueles que ainda não sabem o que fazer podem aproveitar (sem abusar) desse período para tirar férias mais do que merecidas, para concretizar um projeto com que sempre sonharam, para viajar em seu país ou para o exterior – realizar um pós-doutorado, fazer um estágio em uma empresa ou passar alguns meses imerso na cultura de outro país que lhe interessa, atrai, fascina ou simplesmente parece possibilitar uma boa oportunidade no futuro. É também uma possibilidade para refletir sobre si mesmo, a vida e seu futuro no mundo.

"Terminar" deve significar encontrar novos pontos para aplicar sua inteligência, suas capacidades de observação, de analisar e pensar. Com certeza, você encontrou ao longo do trabalho novas pistas para futuras pesquisas. Em sua conclusão, trouxe novas questões e hipóteses, então provavelmente sente a necessidade de novos aprofundamentos teóricos. Estes podem ser alguns dos novos caminhos profissionais a seguir.

Porém, durante a elaboração de sua tese, também teve de renunciar a outros campos de pesquisa que lhe interessavam e aos quais deseja, agora, voltar; e pode ser bom, para sua carreira profissional, dar provas de sua capacidade em outras áreas. Será, portanto, nesses domínios, bem afastados daquele de sua tese, que talvez você irá trabalhar agora.

Em qualquer caso, não pare.

Certamente a tese é um momento importante de sua vida; você deu provas de que pode conduzir uma reflexão pessoal, uma pesquisa teórica, e deve tirar o melhor partido disso (pessoal e profissional). Mas não pare aí: a tese não é sua promoção a marechal; não se torne nem o que "vive de rendas" nem o "ex-combatente" de sua tese.

Continue a se interrogar, a procurar, a compreender, a analisar, a formular hipóteses. Em resumo: a refletir, tendo consciência tanto de seu campo de conhecimento quanto de seus limites.

Algumas pessoas têm tendência a "se fechar" dentro de seu saber, como numa fortaleza inexpugnável: de tal modo fechadas dentro dela, por ser inatacável, que se isolam de tudo que as cerca ou engloba.

De minha parte, faço o contrário: esforço-me para ficar atento, aberto, curioso, com relação a tudo o que pode interferir nos campos em que trabalho. Quer dizer que quanto mais avanço no conhecimento de um objeto de pesquisa, mais descubro relações a analisar, questões novas de problemas a resolver, sem falar da recolocação em questão da própria abordagem e da problemática.

Em resumo, quanto mais profundo e amplo meu campo de conhecimento, mais se torna aguda a consciência que tenho da extensão de minha ignorância. O que me leva a buscar o seguinte aforismo, com certeza tão antigo quanto a filosofia: o primeiro ato do conhecimento é, sem dúvida, a tomada de consciência, a avaliação, do que não se conhece.

Este livro foi composto na tipografia Minion Pro Regular,
em corpo 10,5/13, e impresso em papel off-set no Sistema Digital
Instant Duplex da Divisão Gráfica da Distribuidora Record.